Die Bronzestatuen von Riace in Reggio

Ins Deutsche übertragen von
Tamara Trautner

Redaktion
Dr. Dieter Struss

Titel der Originalausgabe
I Bronzi di Riace

Herausgeber der Reihe
Silvio Locatelli und Marcella Boroli

Lizenzausgabe 1989 für
Manfred Pawlak Verlagsgesellschaft mbH, Herrsching

Printed in Italy, New Interlitho S. p. a. – Trezzano
ISBN 3-88199-550-1

Italien

Klassische Reiseziele

Die Bronzestatuen von Riace in Reggio

Giuseppe Forti
Claudio Sabbione

Atlantis

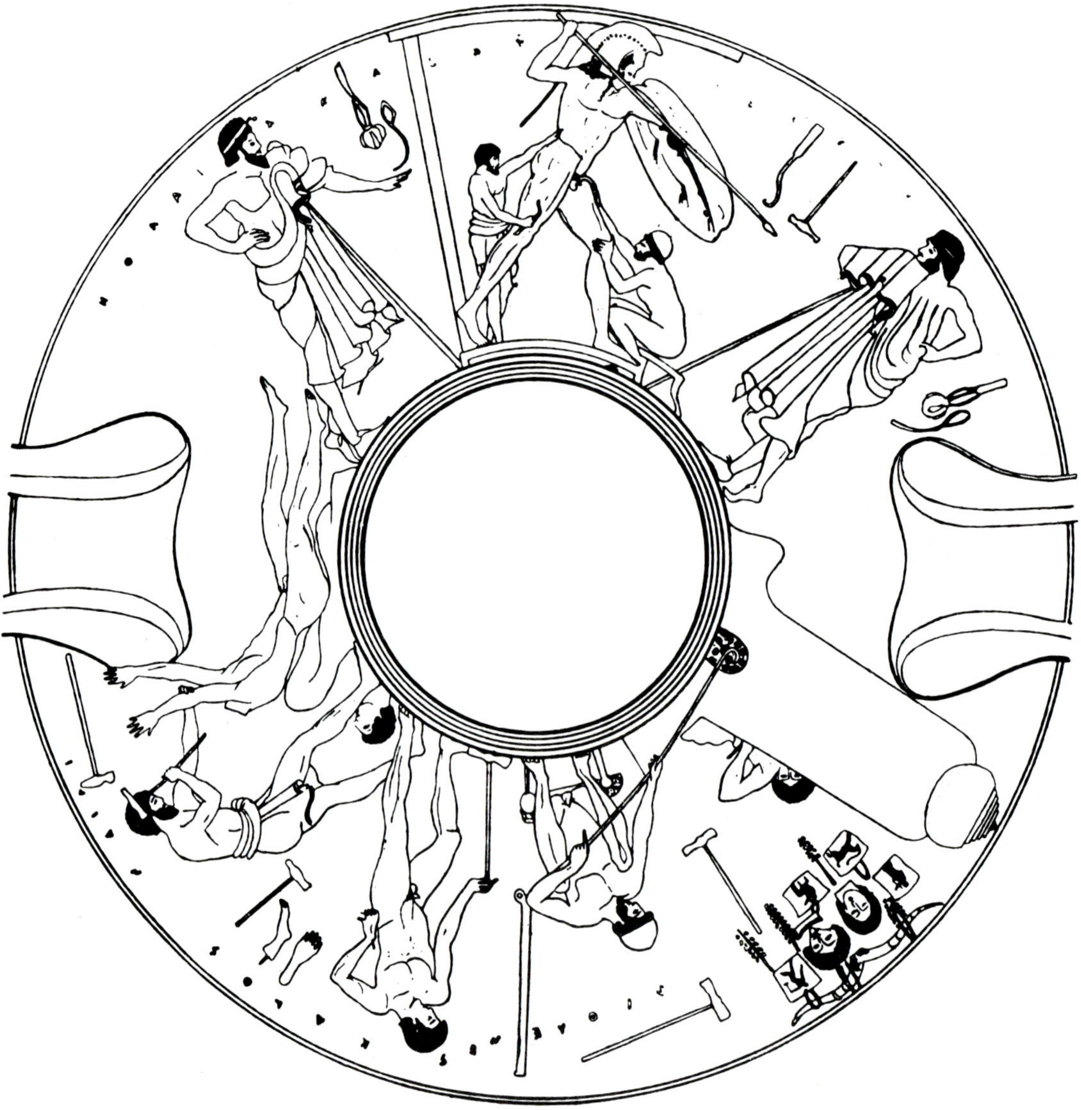

Entdeckung und Restaurierung

Seit Ende August 1972 gehören sie zum Bestand des Museo Nazionale di Reggio Calabria, wo sie die Inventarnummern 12801 und 12802 erhielten: zwei große Bronzestatuen, die vor der ionischen Küste Kalabriens im Gebiet der Gemeinde von Riace (RC) gefunden wurden. Es war eine zufällige Entdeckung, im Rahmen der alltäglichen Aufgaben der Oberintendantur für Archäologie der Region Kalabrien, allerdings nichts völlig Außergewöhnliches. Hinweisen von Tauchern oder Freunden folgend, die teilweise wahre Schätze in den Tiefen des Tyrrhenischen und Ionischen Meeres gefunden haben, hat sich diese Institution häufig an Unterwasserausgrabungen an der heimatlichen Küste beteiligt.

Es war ein Hinweis vom 16. August 1972, der dieses Mal zum Einsatz der Oberintendantur und der Tauchereinheit der Polizei von Messina führte. Sie bargen am 20. und 21. August zwei große Bronzestatuen, die inzwischen überall als »Die Bronzestatuen von Riace« bekannt sind. Die Ausstellung der Figuren in Florenz, mit der den Restauratoren der Archäologischen Oberintendantur der Stadt für ihre Arbeit gedankt werden sollte, dauerte anstatt der ursprünglich vorgesehenen zwei Wochen ganze sechs Monate. Darauf ist es wohl zurückzuführen, daß die Skulpturen so berühmt wurden.

Stefano Mariottini, ein Chemiker aus Rom, entdeckte die Figuren dreihundert Meter von der Küste entfernt in einer Tiefe von sieben bis acht Meter, als er gerade bei Verwandten in Kalabrien seinen Urlaub verbrachte. Nachdem er sich vergewissert hatte, daß es sich tatsächlich um Statuen und nicht etwa um Leichen handelte, war er zusammen mit seinen Verwandten es auch, der mich auf den Fund hinwies. Von der Pflicht, derartige Entdeckungen zu melden, wußte Mariottini, weil 1969 einer seiner Freunde der Oberintendantur von griechischen Bronzeskulpturen berichtet hatte, die er in der Meeresstraße von Messina in einem Schiffswrack gesichtet hatte, das allerdings zum Teil schon ausgeplündert war.

Die Bergungsarbeiten wurden von einem Archäologen der Oberintendantur geleitet und vom Finder selbst durchgeführt, der von der Tauchereinheit der Polizei Messinas dazu bevollmächtigt war und unterstützt wurde. Die Figuren wurden zuerst von den Sandmassen befreit, unter denen sie begraben lagen, und zwar mit Hilfe zweier Sauerstoffballons. Das war am 21. August, dem Tag, an dem die Skulpturen auch in den Besitz des »Museo di Reggio« übergingen. Sofort wurden sie als Kunstwerke von herausragender Bedeutung erkannt. Der Leiter der Ausgrabungen bezeichnete sie in einem ersten Bericht als »griechische Originale aus der Epoche des Hellenismus«. Etwas anderes war kaum möglich: zu wenig war aus der Zeit der Antike erhalten, sie konnten gar nichts anderes sein als Zeugnisse dieser uns durch Originalfunde kaum bekannten kulturgeschichtlichen Epoche. Nur etwa zehn Tage nach dem Fund kehrte ich von einer Reise nach Griechenland und an das Schwarze Meer zurück und hatte sofort Gelegenheit, die unglaubliche Gegenwärtigkeit der Figuren zu erfahren. Ich stieg in Bari von Bord, und der Fahrer, der mich am Hafen erwartete, zeigte mir als erstes Photographien von den Bronzeskulpturen. Am selben Abend schon fesselte mich die Wirkung der Originale. Es galt nun, sie zu säubern und von dem zu befreien, was sie konserviert hatte: von Sand und Kies.

Gesuele Spinella und Pasquale Violin, die Restauratoren, nahmen geduldig und kenntnisreich das Vorhaben in Angriff. Zuerst wurden mechanisch die Kieselverkrustungen mit ihren korrosiven Substanzen und die auf Meerestiere zurückzuführenden Kalkablagerungen beseitigt. Das Gesicht der Statue A war durch den Kies völlig unkenntlich geworden, aber schon nach einigen Wochen erwies sie sich als der anderen Figur ästhetisch überlegen. Elfenbeinaugen und Wimpern aus Kupfer kamen zum Vorschein, die Bartlocken und die Locken der Haarfrisur. Auf der Körperoberfläche erschienen die separat aus Kupfer gefertigten Brustwarzenhöfe. Es wurde damit begonnen, sämtliche Vergleichsobjekte und Anhaltspunkte zusammenzutragen, um die technische Struktur der Bronzeskulpturen genau zu ergründen. Alles stimmte mit den Daten der anderen Originalstatuen des 5. Jahrhunderts v. Chr. überein, die uns erhalten sind: Der Wagenlenker von Delphi im Museum von Delphi, der Poseidon vom Artemision im Nationalmuseum von Athen, der Chatsworth-Kopf, der vor Zypern aus dem Meer geholt wurde und jetzt in London im British Museum zu sehen ist. Schließlich stellte man Überlegungen über die kleinen Bleielemente an. Jene Zapfen unter den Füßen schienen nämlich zu beweisen, daß die Figuren auf einem Fundament oder einem Steinsockel plaziert waren und gewaltsam von ihrem ursprünglichen Standort entfernt wurden. Aber von wem? Und wann? Die erste Frage ist einfach zu beantworten: von den Römern, die geradezu nach griechischer Kultur gierten. Aber wann? Im 2. Jahrhundert v. Chr.? Zur Zeit Sullas, also etwa 86 v. Chr.? oder noch später? Um auf derartige Fragen eine Antwort zu finden, wurde auf dem XII. Kongreß von Tarent, da die Fundstücke dort auch erstmalig vorgeführt wurden, beschlossen, im August und September 1973 mit Hilfe des Militärschiffes *Cycnulus*, das für das Istituto Liguri di Bordighera fährt, das Meer zu erkunden. Das Schiff, welches die Statuen transportiert hatte, sollte aufgespürt werden. Vor Ort fand man den Handgriff des Schildes von Statue B sowie neben einem kleinen Holzfragment 28 kleine Bleiringe, die vermutlich zum Seilwerk der Segel gehört hatten. Sonst nichts. Das Schiff war wohl anderswo gesunken, und die Mannschaft hatte die Statuen während eines Seesturms ihres Gewichtes wegen ins Meer geworfen.

Diese Vermutung war zwar umstritten, wurde aber nie entkräftet. Um möglichst viele Informationen zusammentragen zu können, mußte man sich also primär auf die Fakten über die Konstruktion der Statuen verlassen und bei der Restaurierung gründlichst vorgehen. Man dachte sofort an das Institut in Florenz (Centro di Restauro della Soprintendenza Archeologica di Firenze), dessen Gründung auf die schreckliche Überschwemmung von Florenz zurückgeht und das inzwischen bestens ausgerüstet ist. Nach ausdrücklicher Befürwortung durch den Obersten Rat wurden die Statuen also von den Restauratoren Violi und Sgrò nach Florenz begleitet, die auch zusammen mit dem dortigen Restauratoren die ersten Arbeiten vornahmen. Die Skulpturen blieben dann solange an ihrem florentiner Zufluchtsort, bis alle Daten gesammelt, alle notwendigen Untersuchungen und Eingriffe abgeschlossen waren.

Die Reinigungsarbeiten wurden in Florenz ausschließlich auf mechanischem Wege durchgeführt. Die Restauratoren verwendeten Skalpelle, kleine Preßlufthämmer, Ultraschallgeräte und verschiedene speziell angefertigte spitze Stahlstichel. Großflächige Verkrustungen, die nur geringe Mengen korrosiver Substanzen enthielten und daher nicht so fest an der Oberfläche der Skulpturen klebten, konnten unter Druck »abgesprengt« werden. Nur wo die Oberflächenstruktur von besonderer Beschaffenheit war, mußten kompakte, festsitzende Ablagerungen beseitigt werden: Augen, Wimpern, Lippen und bei der Statue A die mit einer Metallschicht verkleideten Zähne wurden mit einer Ultraschallsonde freigelegt. Mit derselben Sonde wurden auch der

Schambereich, der Bart und die Frisur der Statuen gereinigt.

Daß es sich als so schwierig erwies, diese zyklischen Korrosionsprozesse aufzuhalten, ist zum einen darauf zurüchzuführen, daß die zwei Figuren so lange im Meer gelegen hatten. (Allerdings stellte sich dieser Ort für die Zeit bis zur Entdekkung als ideale Bedingung für die Konservierung heraus). Zum anderen ist zu erwähnen, daß beide Fundstücke innen mit Schmelzerde, Sand und Meeresschlamm gefüllt waren, welche Salze und vor allem Chloride angereichert hatten. An der Oberfläche der Figuren konnten die Chloride durch künstliche Beschleunigung der Korrosionsprozesse genau lokalisiert werden. Die Kontrolle über entsprechende Prozesse auf den Innenwänden der Skulpturen konnte indes nur auf indirektem Wege erfolgen. An den Außenwänden der Statue A wurden noch korrosive Prozesse ausgelöst, wo die korrosiven Substanzen innen nicht zu beseitigen waren, nämlich im Bereich des Haargeflechts. Keine der zur Blockierung zyklischer Korrosionsprozesse gewöhnlich eingesetzten Methoden versprach hier erfolgreich zu sein. So entschied man, die Statuen zu entleeren. Entweder sollten die Kopföffnungen ausgenutzt werden oder die Bleizapfen in den Füßen entfernt werden. Nachdem die Zapfen entfernt waren, begann die Aushöhlung der Figuren. Man verwendete hierzu mechanische Instrumente (zylindrische Hohlstäbe, hakenförmige Stangen, Löffel usw.), einen harten Strahl destillierten Wassers und sogar 130%iges Wasserstoffsuperoxyd, das als Lösungsmittel angewandt werden konnte. Nachdem die Figuren ausgehöhlt waren, wurden die Innenflächen mit Konservierungsmitteln behandelt. Hierzu wandte man die sogenannte B70-Methode an. Die Statue B wurde in die entsprechenden Lösungen eingetaucht, bei Statue A wurde die Lösung durch die Öffnung im Kopf eingefüllt.

Einige Jahre lang wurden monatlich Kontrollen durchgeführt, bei denen die Statuen einer Luftfeuchtigkeit von ungefähr 98% ausgesetzt wurden. Die Restauratoren wollten sichergehen, daß weder innen noch außen zyklische Korrosionssubstanzen übriggeblieben waren. Lediglich Ende des zweiten Jahres wurden die Figuren einmal einer Luftfeuchtigkeit von 70-80% ausgesetzt, wobei in den Achselhöhlen und in der Hodenpartie zyklische Korrosionsprozesse auftraten. Durch direkte Behandlung mit einer 5%igen BTA-Lösung konnte dem jedoch sofort entgegengewirkt werden. In den folgenden Jahren wurden dann keine Korrosionsphänomene mehr beobachtet.

Inzwischen sind die Statuen in einem Zustand, der es erlaubt, sie definitiv im Museo di Reggio Calabria auszustellen. Damit kehren sie in ihr eigentliches Ambiente, die Werke der antiken Kultur, zurück. So werden sie auch als einzigartige Zeugnisse der großartigen griechischen Kunst des 5. Jahrhunderts besser verstanden werden. Ich habe hier die Geschichte ihrer Entdeckung sowie ihrer Restaurierung und Konservierung dargestellt. Sobald mir die Daten über die Konstruktion der Meisterwerke zur Verfügung stehen, welche die Vermutungen über die Datierung bestätigen, werde auch ich über Phidias, über die Weihegeschenke in Delphi und die Statuen, die es schmückten, spekulieren, auch wenn sie schon zu Zeiten des Pausanias fehlten. Es wird dann vielleicht einfacher und müheloser sein. Vielleicht werde ich ja auch Ausgrabungen zur Verfügung haben, die meine Aussagen fundieren können. Oder ich werde neue Vermutungen aufstellen, wie es nach mir noch viele tun werden. Über die Bronzestatuen von Riace wird man noch lange sprechen.

Guiseppe Foti

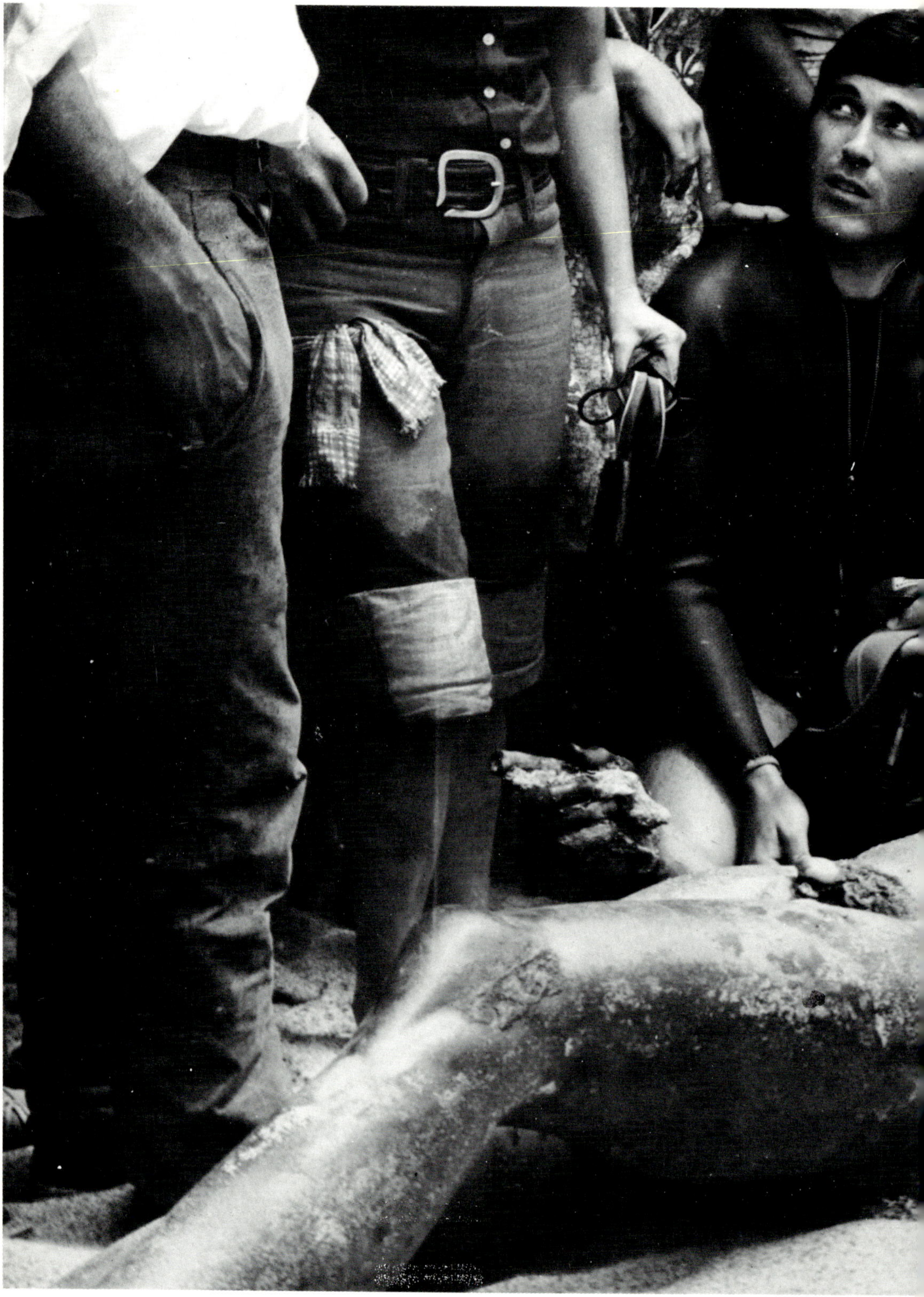

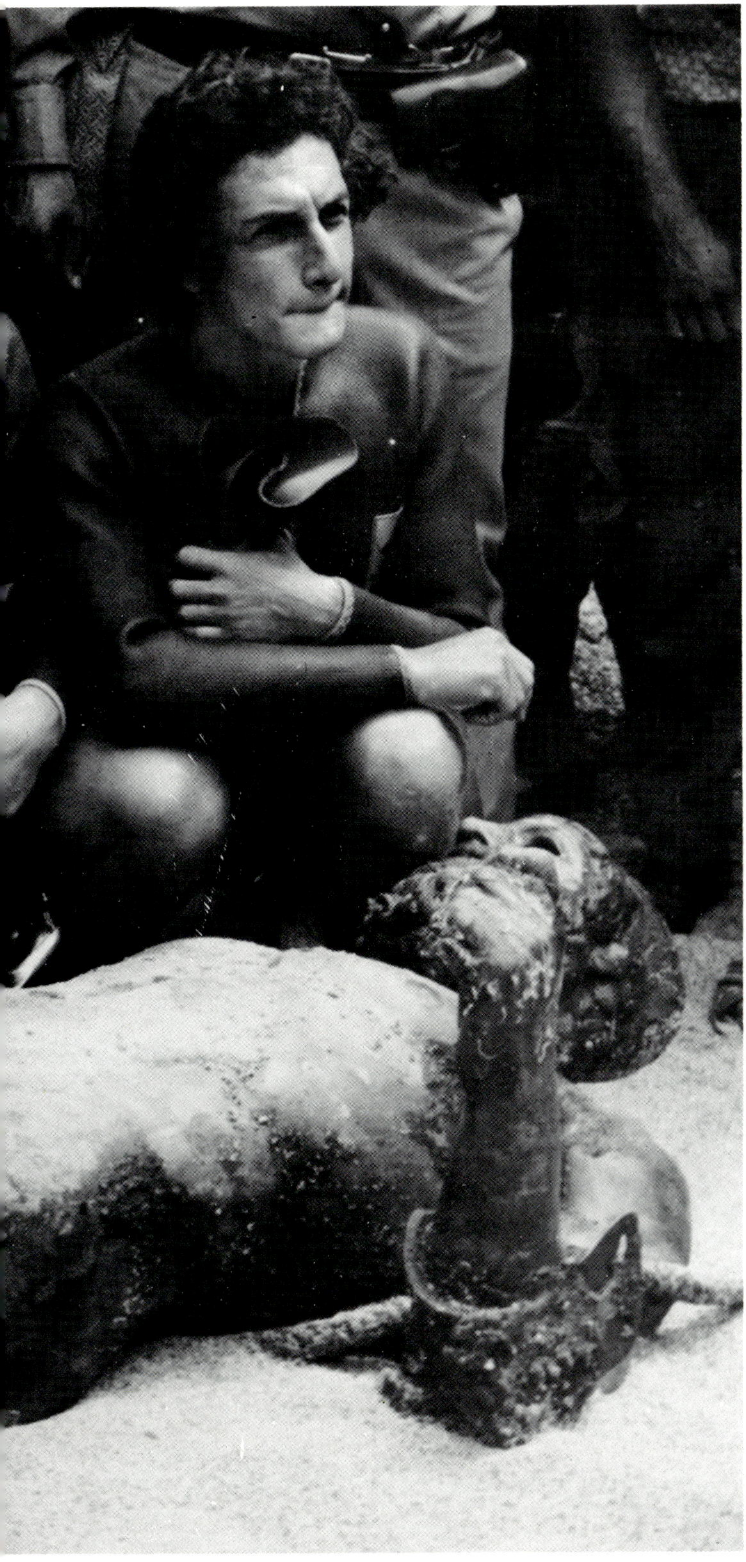

21. August 1972: Eine der Bronzeskulpturen, die Statue B, ist gerade von Stefano Mariottini und den Tauchern der Polizei von Messina geborgen worden und wird am Ufer von Riace niedergelegt. Cap Riace liegt zwischen Locri und Caulonia in einem Gebiet der ionischen Küste Kalabriens, das viele kulturelle und wirtschaftliche Zentren Großgriechenlands umschloß. In den Tiefen des Tyrrhenischen und des Ionischen Meeres wurden in den letzten Jahren unter der Aufsicht der Oberintendantur für Archäologie der Region Kalabrien zahlreiche Funde geborgen. Die beiden Bronzeskulpturen wurden am 16. August 1972 von Mariottini, einem Hobbytaucher aus Rom, etwa 300 Meter von der Küste entfernt in einer Tiefe von etwa sieben bis acht Meter entdeckt. Kaum an Land geschafft, wurden sie als griechische Originale großer künstlerischer und archäologischer Bedeutung eingestuft.

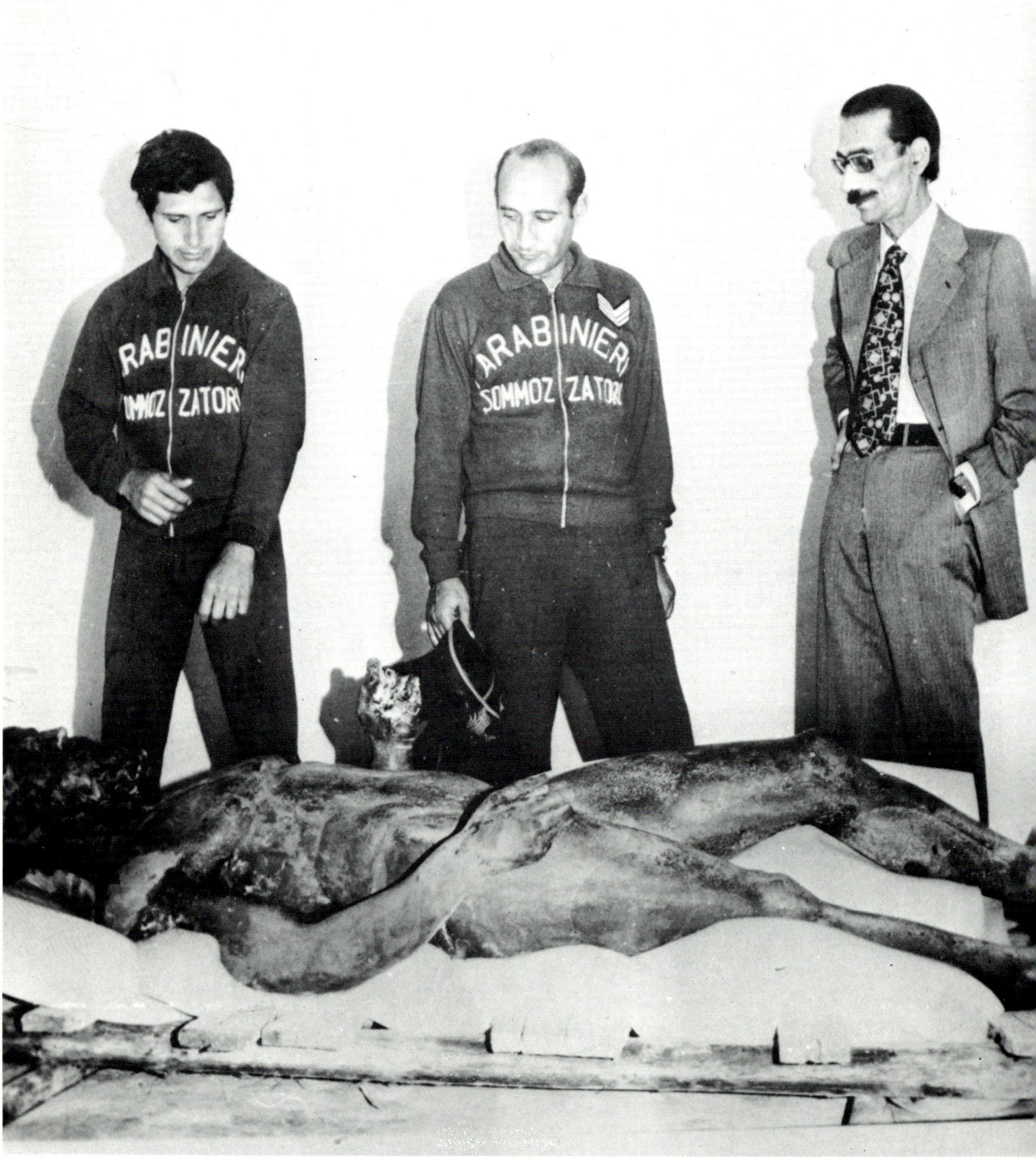

ARABINIERI
SOMMOZZATORI
ARABINIERI
SOMMOZZATORI

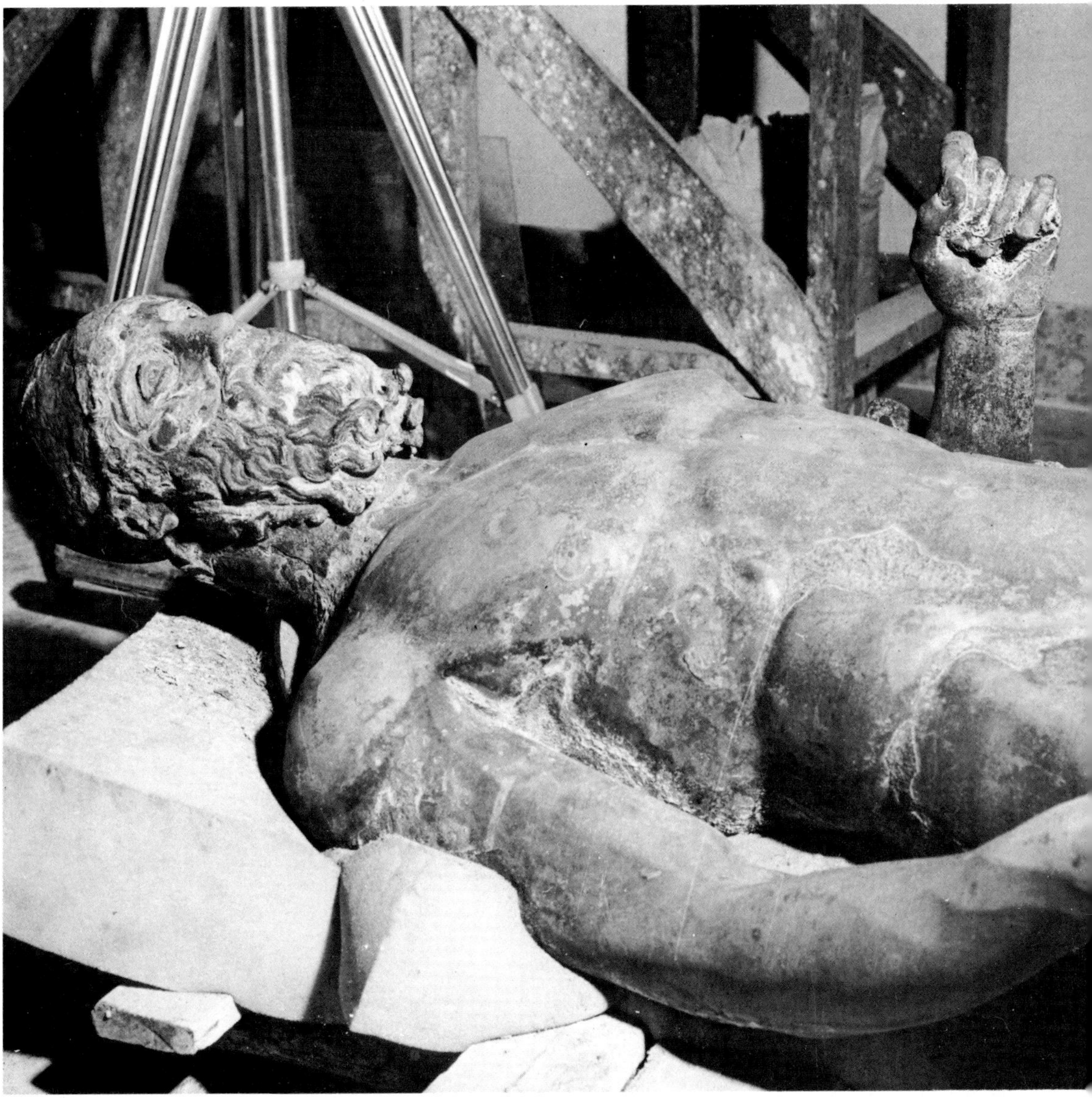

Links die Statue B im Museo di Reggio Calabria einige Tage nach der Entdeckung. Neben den Polizeitauchern rechts Dr. Guiseppe Foti, Leiter der Oberintendantur für Archäologie der Region Kalabrien. Anläßlich des XII. Kongresses von Tarent legte er 1972 einen ersten Bericht über den Fund vor und verfolgte dann mit großem Interesse das Schicksal der beiden Statuen. Bis zu seinem plötzlichen Tod am 30. Juni 1981 war er an den Vorbereitungen zur endgültigen Aufstellung der Skulpturen im Museo di Reggio Calabria beteiligt. Oben die Statue B kurz nach Beginn der ersten Säuberungs- und Restaurierungsarbeiten.

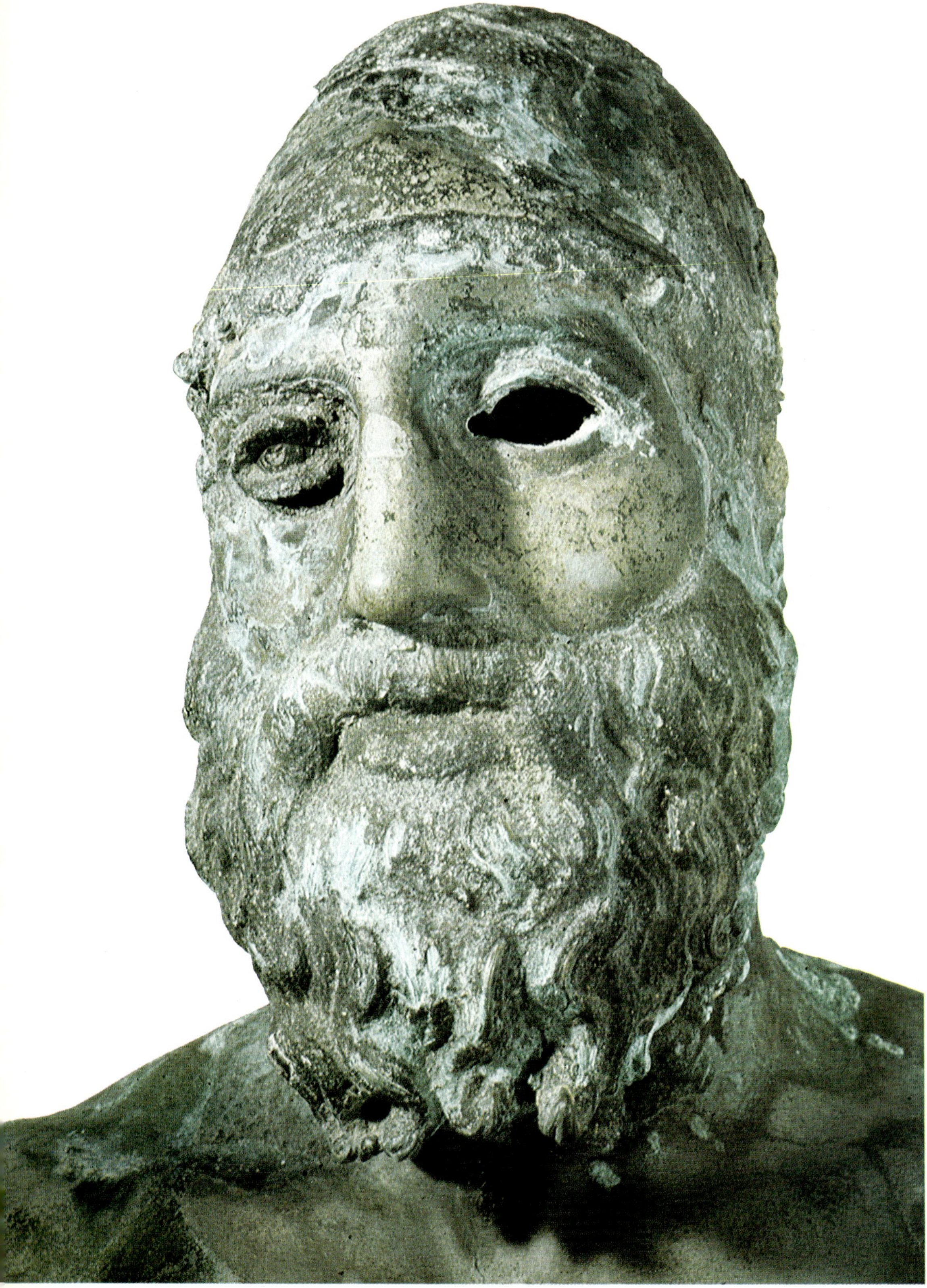

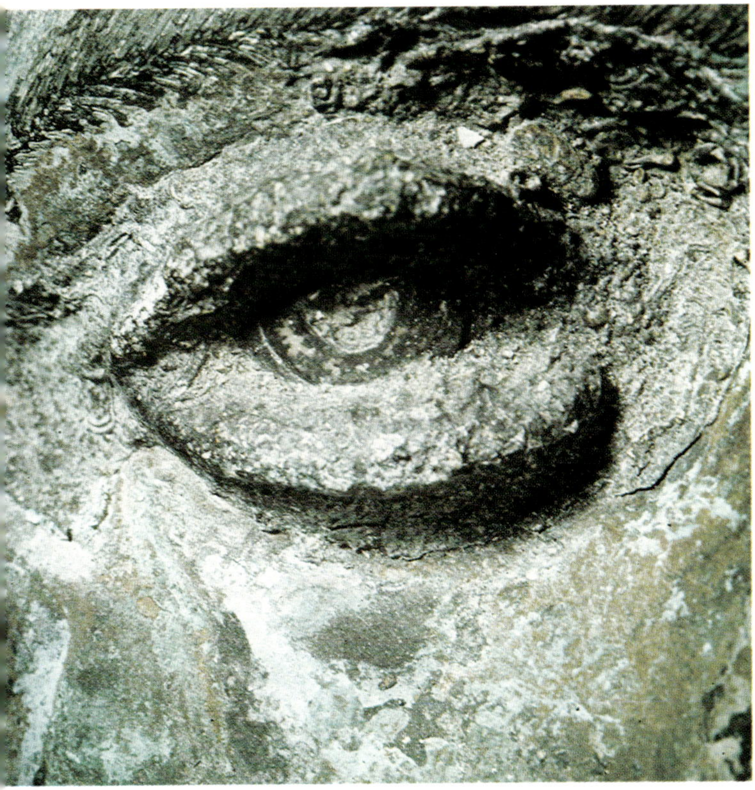

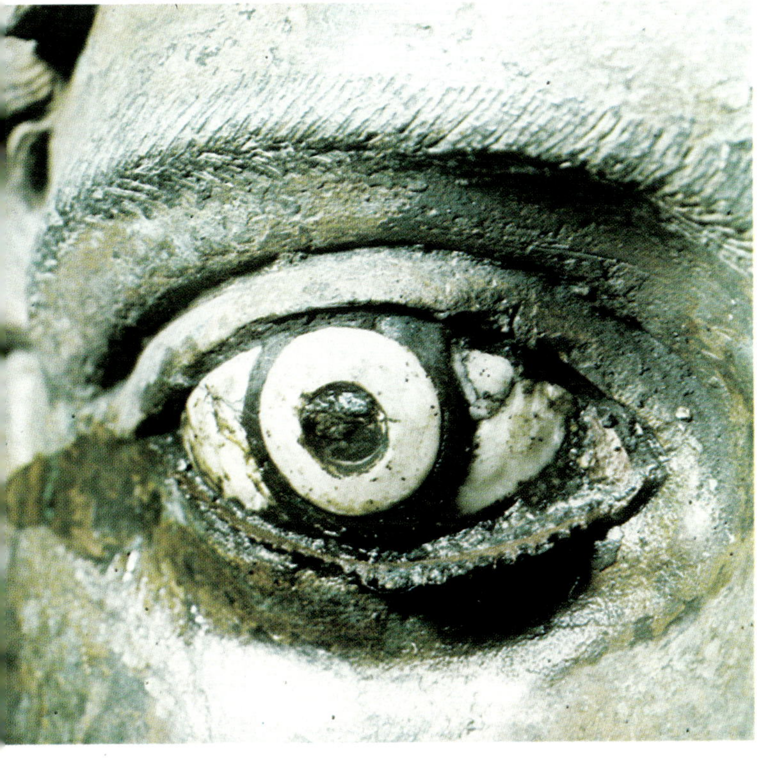

Die Restaurierung der zwei Bronzeskulpturen - sie war 1978 eigentlich schon beendet, es schlossen sich aber noch drei Jahre der »Beobachtung« an – wurde vom Centro di Restauro della Soprintendenza Archeologica della Toscana unter der Leitung von Dr. Del Francia durchgeführt. Nach der Säuberung der großen und glatten Flächen machten sich die Restauratoren mit besonderer Sorgfalt daran, die bildhauerischen Details von den Ablagerungen zu befreien, die die jahrhundertelange Lagerung im Meer verursacht hatte. Hier sind einige Stationen der Freilegung der Augenpartie abgebildet, einer Arbeitsphase, die viele Probleme bereitete. Man beachte besonders, wie Schritt für Schritt die Augenlider und die Pupille aus Elfenbein wieder sichtbar werden.

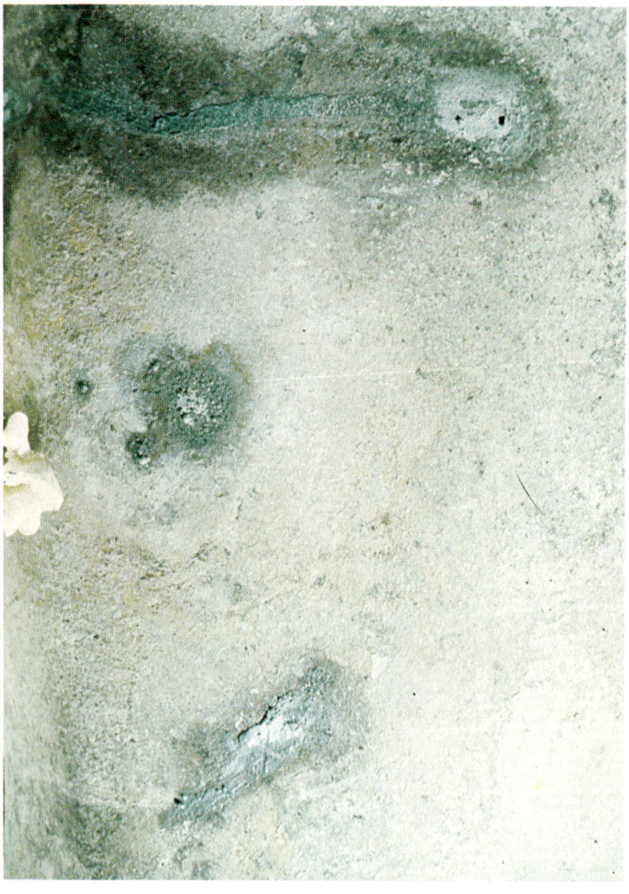

Nachdem die Oberfläche der Statuen bereits mehrfach mit entionisiertem Wasser abgewaschen worden war, stellte sich heraus, daß die zyklische Korrosion im Innern weiter fortgeschritten war als auf der Oberfläche. An den Stellen, wo Legierungsproben entnommen worden waren, sowie an den kleinen Rissen in der Legierung, traten korrosive Substanzen aus. Das Innere enthielt noch Reste der Schmelzerde und Kiesel. Es mußte radikal ausgeleert werden.

Wenn man bedenkt, daß die Restauratoren ihre Arbeit sozusagen blind leisten mußten, also ohne die Formen zu kennen, die unter den Verkrustungen verborgen lagen, wird klar, wie kompliziert die Freilegung bestimmter Partien war, die der Künstler so fein gestaltet hatte. Das Photo rechts zeigt den Kopf einer der Statuen in einem Übergangsstadium: ein Teil des Bartes ist bereits gesäubert, während die andere Hälfte noch gestaltlos, von den Ablagerungen, die sich in die Locken gefressen haben, bedeckt ist. Die Techniker in Florenz verwendeten feinste Bohrer, um die Unreinheiten zu entfernen und Schritt für Schritt die Linien der Plastik wieder sichtbar zu machen. Das Restaurationszentrum in Florenz wurde nach der Überschwemmung von 1966 erweitert und stellte mit den Restaurierungsarbeiten an den Bronzeskulpturen von Riace unter Beweis, welch hohes Niveau es inzwischen erreicht hat.

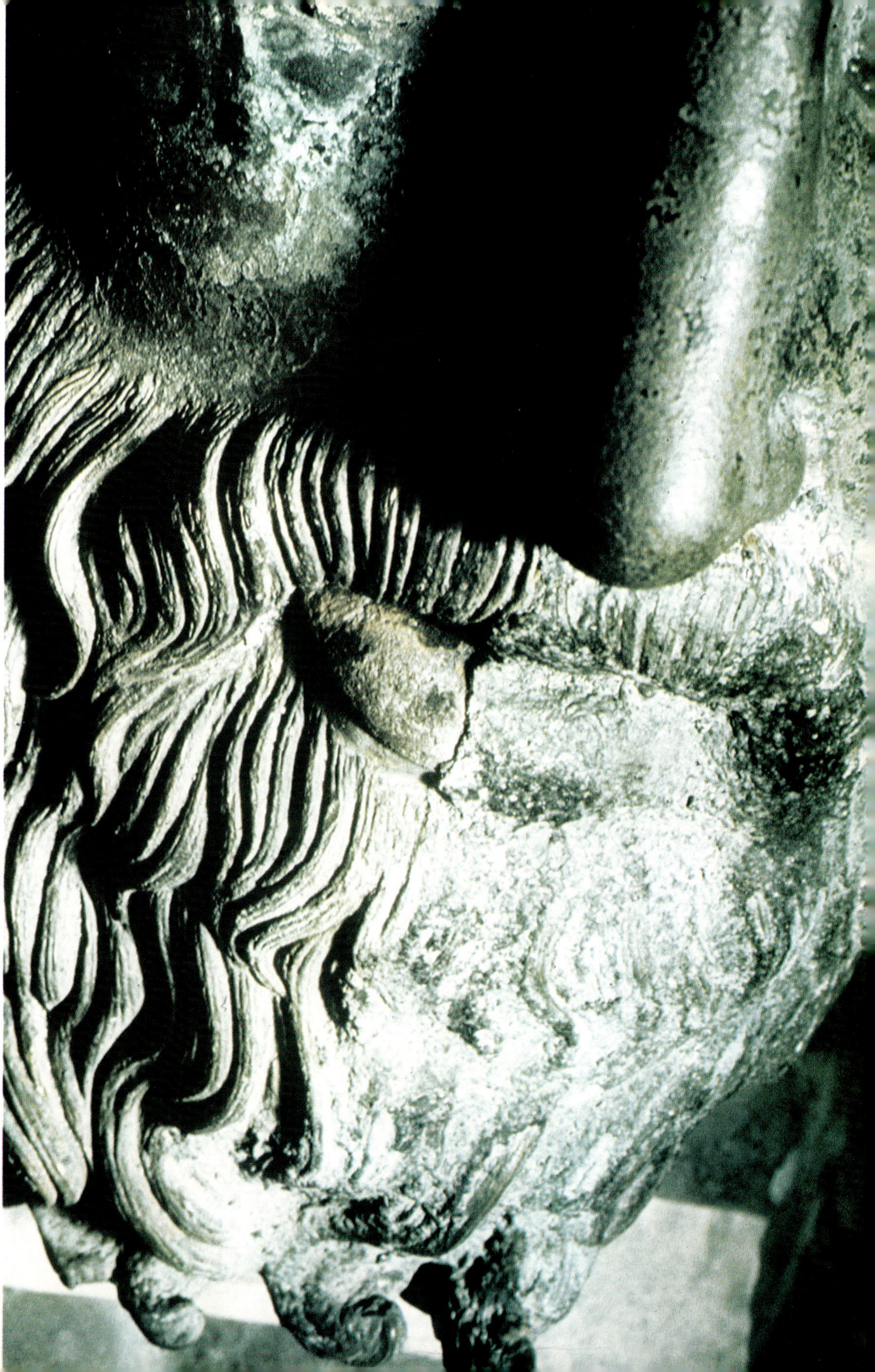

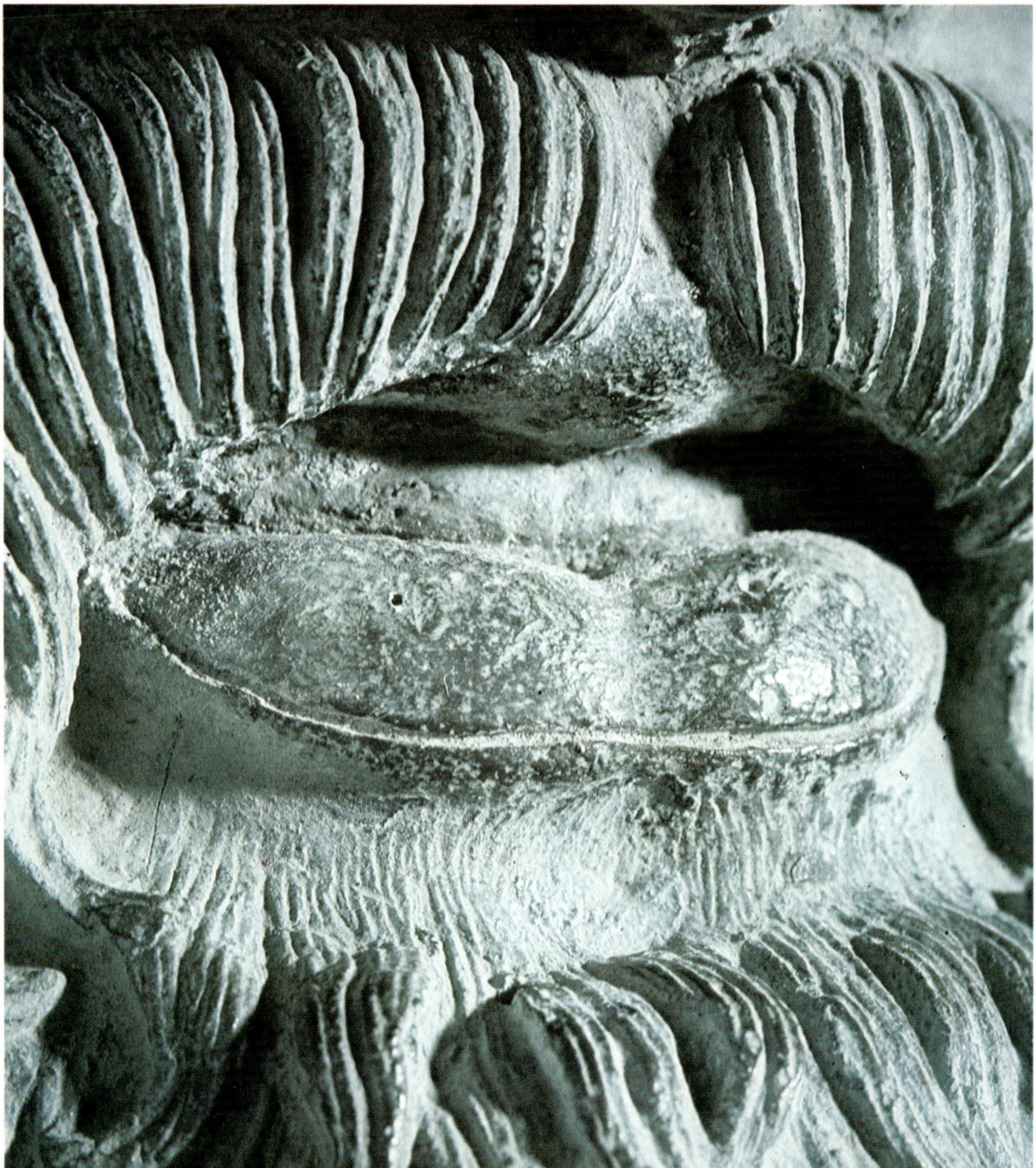

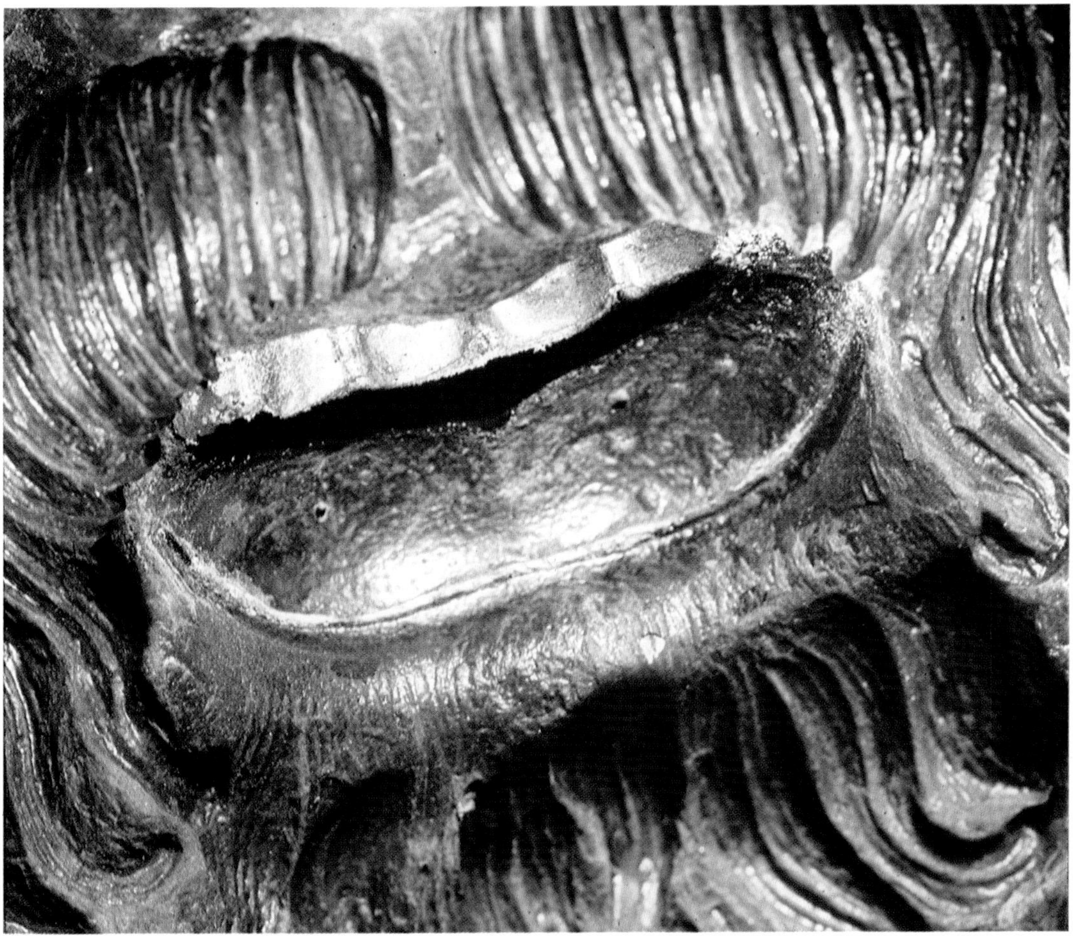

Die Experten verwendeten Präzisionsinstrumente, um die Mundpartie – hier der Mund der behaarten Figur – wieder in den Originalzustand zu bringen. Auf den Lippen wurde eine leicht rosa eingefärbte Beschichtung freigelegt, die Zähne stellten sich als versilbert heraus. Anhand der Bildausschnitte lassen sich Ausgangszustand und Ergebnis miteinander vergleichen.

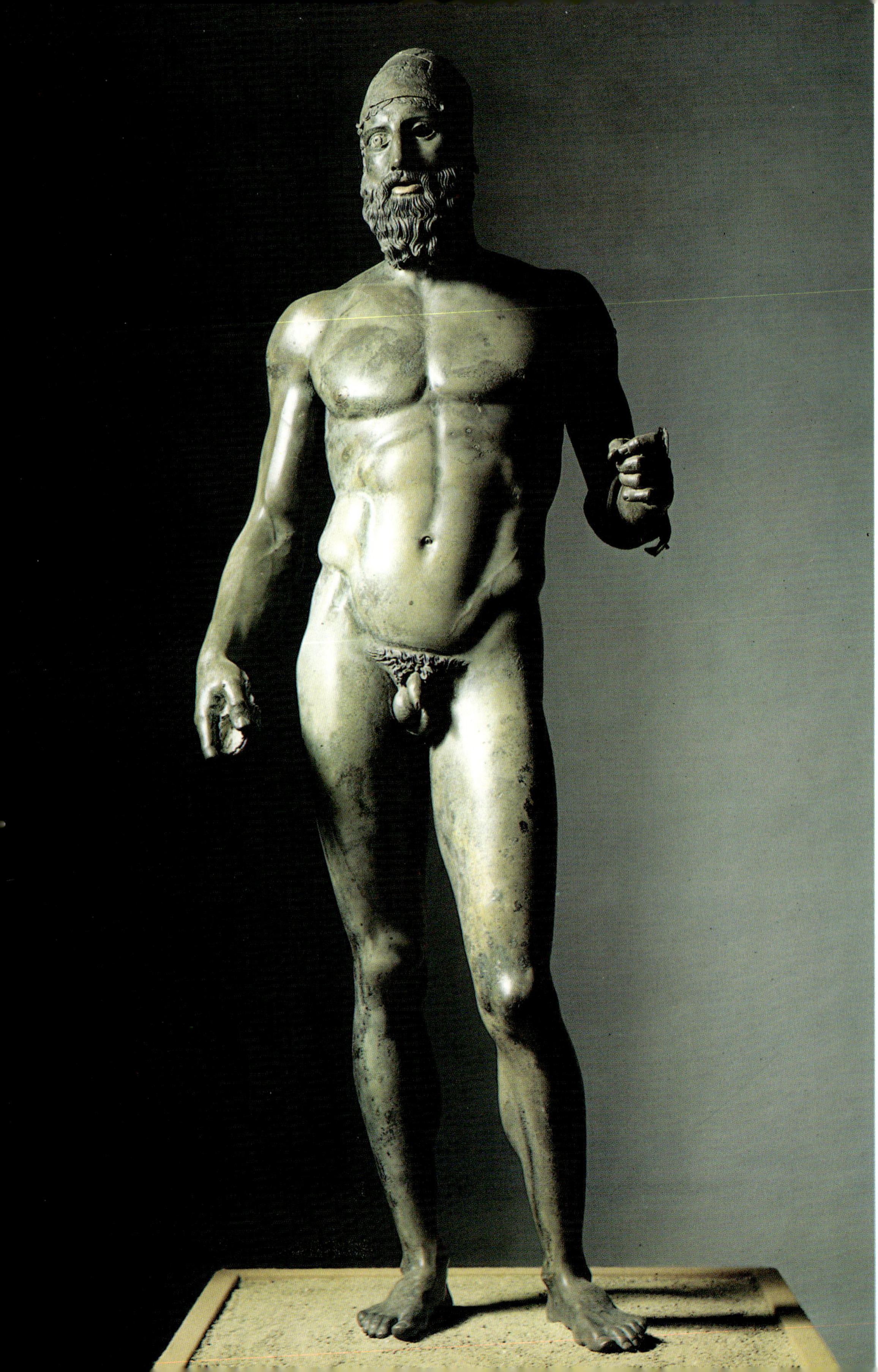

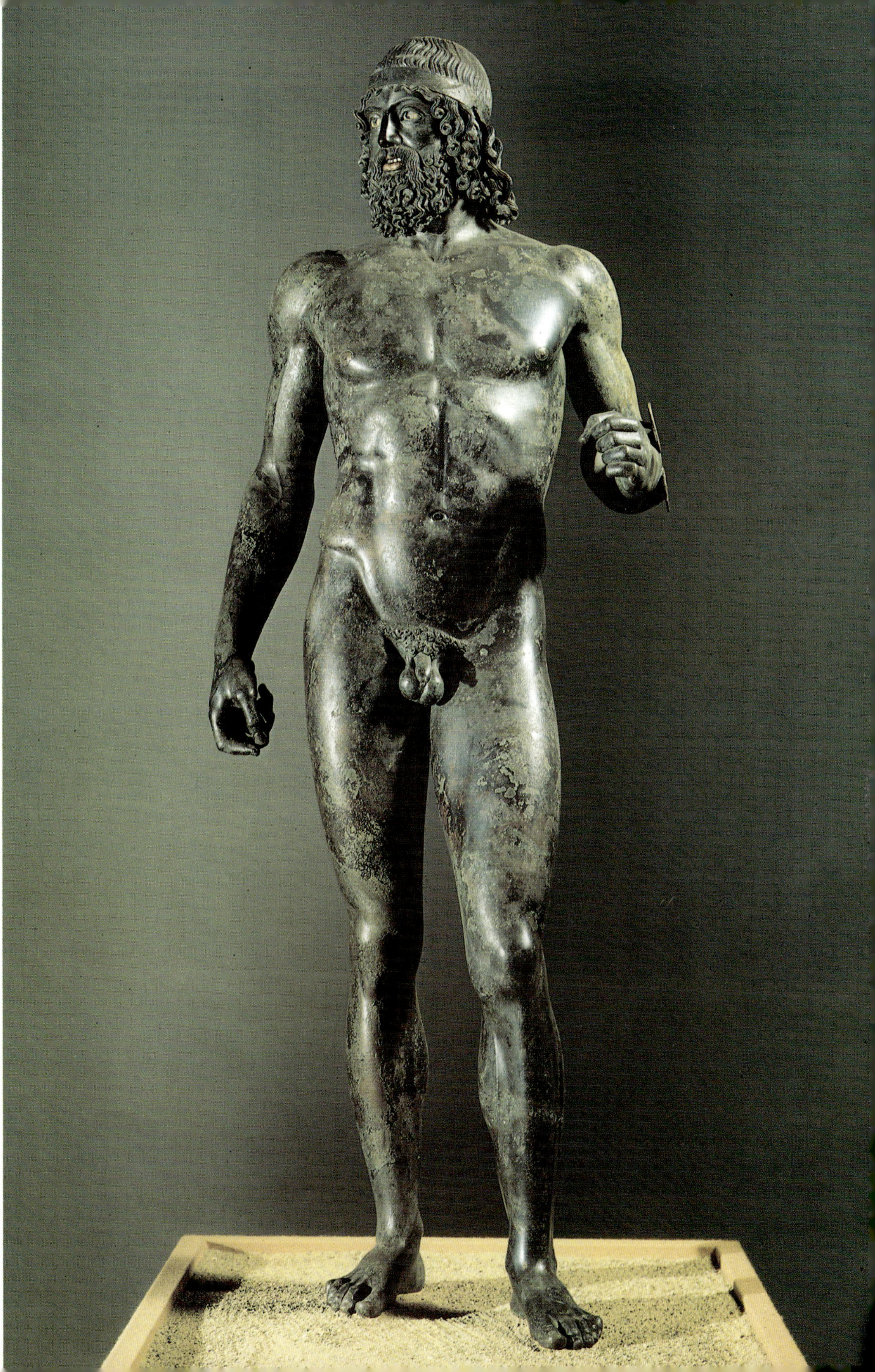

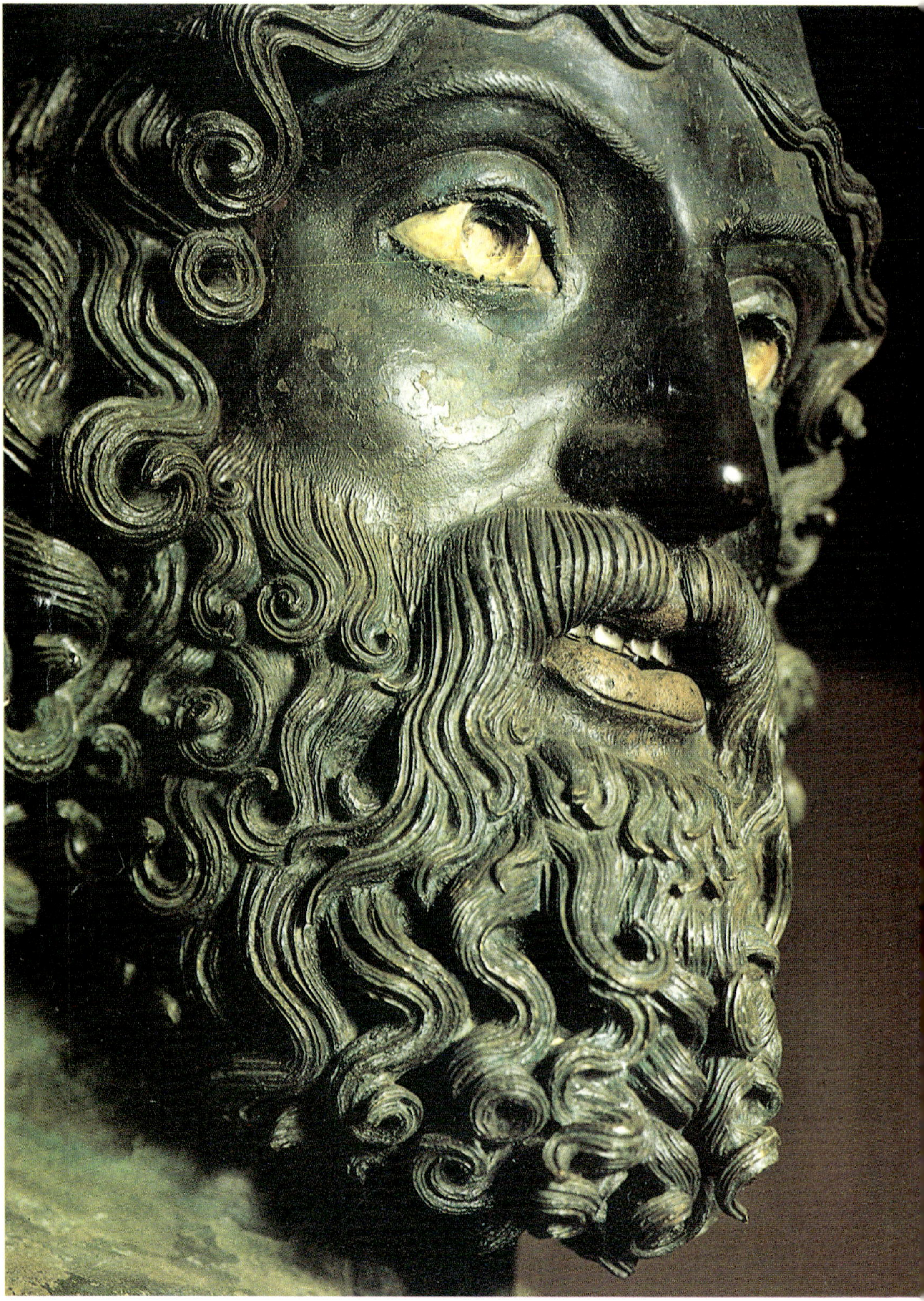

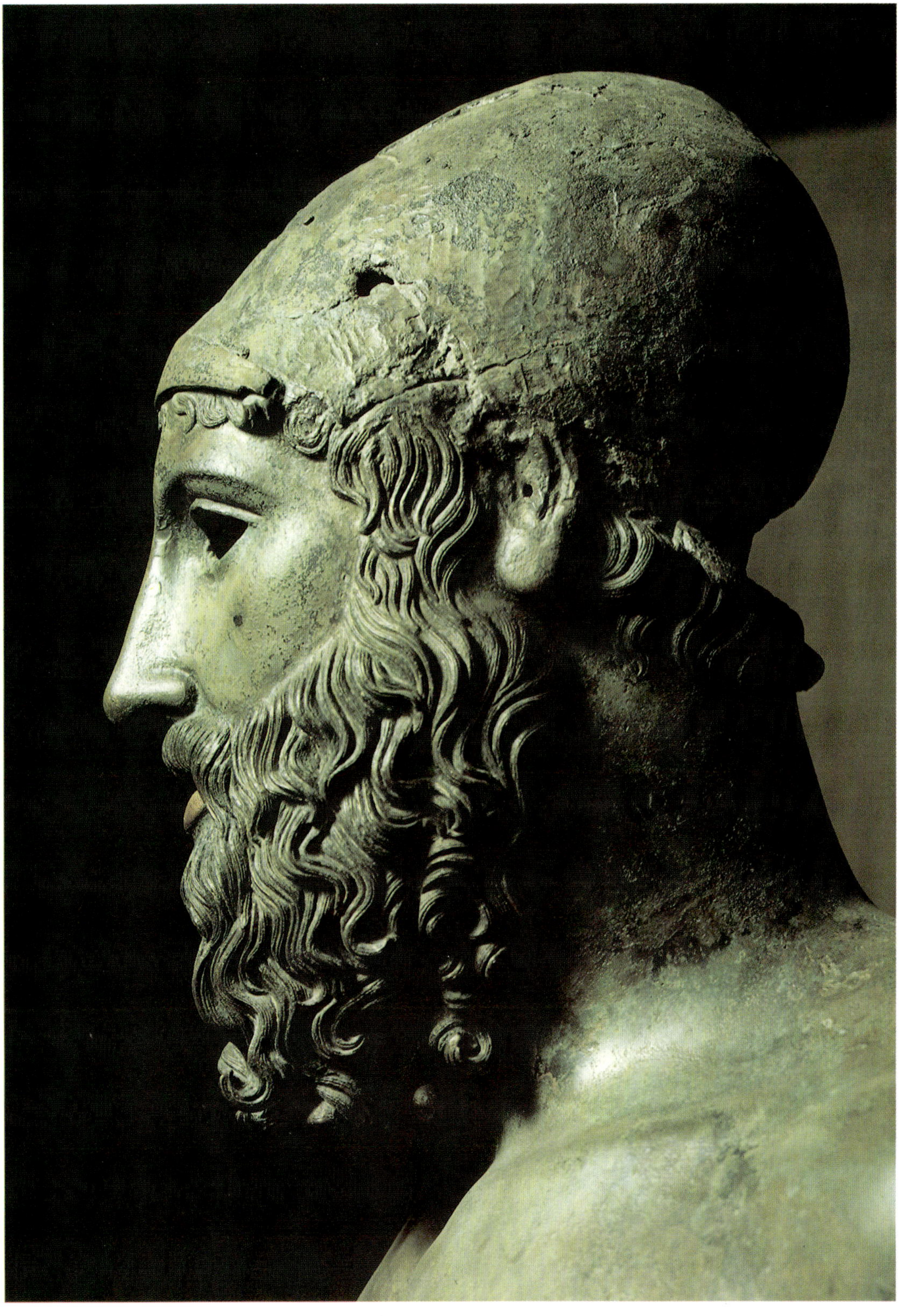

Monatelang wurden die Skulpturen untersucht. Überreste ätzender Substanzen wurden aufgespürt und Korrosionsprozesse abgeblockt. Es wurde festgestellt, daß die Skulpturen im Meer durch die konstante Temperatur und die beinahe totale Abwesenheit von oxidierenden Substanzen geschützt gewesen waren, während ihnen nun die relative Luftfeuchtigkeit verstärkt Beschädigungen zufügte. Die Bronzeskulpturen von Riace wurden erst in Florenz, dann kurze Zeit in Rom und schließlich im Museo di Reggio Calabria, ihrem endgültigen Standort, ausgestellt. Wissenschaftler beschäftigen sich mit der kunsthistorischen und kunstkritischen Analyse der Fundstücke. Sie gehen allen Spuren nach, die zur Klärung von Herkunft und Geschichte der Meisterwerke aus dem Ionischen Meer führen könnten. Das Staunen und die Begeisterung der Experten und der Tausende von Ausstellungsbesuchern ist zweifellos auf die Ausmaße der Skulpturen zurückzuführen (Höhe: Statue A: 2.05 m, Statue B: 1.97 m, Gewicht: je 400 kg), aber auch auf die Schönheit der anatomischen Formen und nicht zuletzt auf die Tatsache, daß die Skulpturen ein auf geheimnisvolle Weise ausdrucksvolles Gesicht, ja einen »göttlichen Blick« haben. Auf den nächsten Seiten ist die Statue B, der Krieger mit dem Helm, abgebildet. Es ist allerdings nicht sicher, ob es sich um einen Krieger , einen Gott oder um einen Athleten handelt. Es wurde behauptet, der Gesichtsausdruck dieser Figur sei im Vergleich zu dem der anderen melancholischer, nachdenklicher. Und es wurde auch behauptet, die Muskulatur sei bei dieser Figur anders gestaltet, was die Vermutung nahelegt, daß sie von einem anderen Künstler oder gar aus einer anderen Epoche stammt. Einigkeit herrscht im allgemeinen darüber, daß die Bronzeskulpturen im 5. Jahrhundert v. Chr. geschaffen wurden, einer Blütezeit in der Geschichte der griechischen Bildhauerei, deren Meisterwerke, Experten zufolge, aus Bronze waren. Uns sind allerdings fast nur Kopien in Marmor erhalten. Die Bedeutung des Fundes liegt also nicht zuletzt in der Möglichkeit, daß endlich ein direkter Zugang zu den Originalen griechischer Bildhauerei eröffnet wird. Die Folge der Abbildungen auf den nächsten Seiten zeigt, wie sich die Statue gleichsam im Raum bewegt, als wäre sie gleichzeitig von verschiedenen Blickwinkeln aus konzipiert worden: die Statue ist lebendig, von welchem Punkt man sie auch betrachtet. Zweifelsohne entstammt sie einer Phase, die auf die Epoche der strengen Frontansicht folgte. Die Haltung des Körpers – die leicht eingeknickte Hüfte und die im Verhältnis zum Kopf schräggestellten Füße – verleiht der Figur Bewegung.

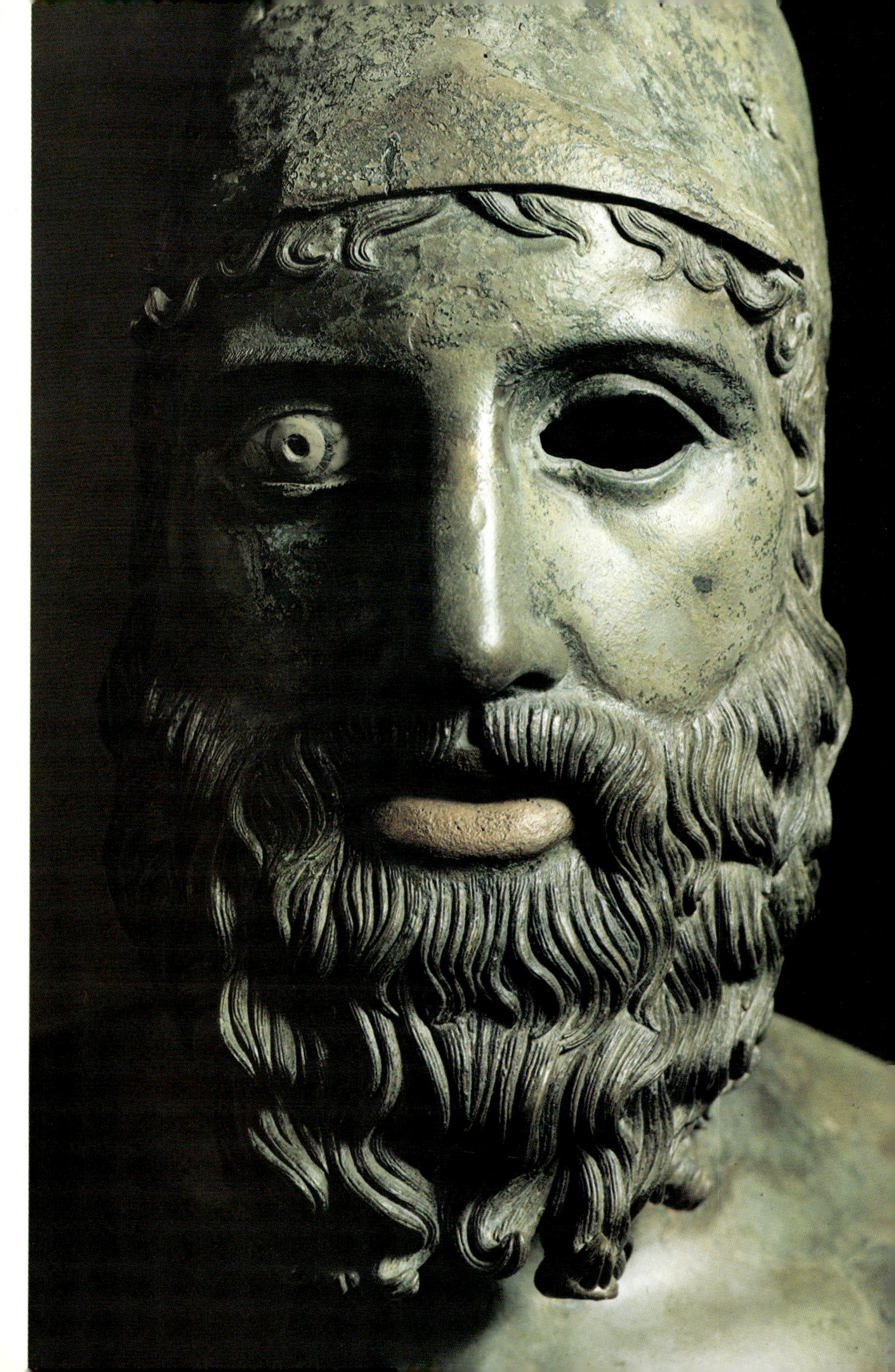

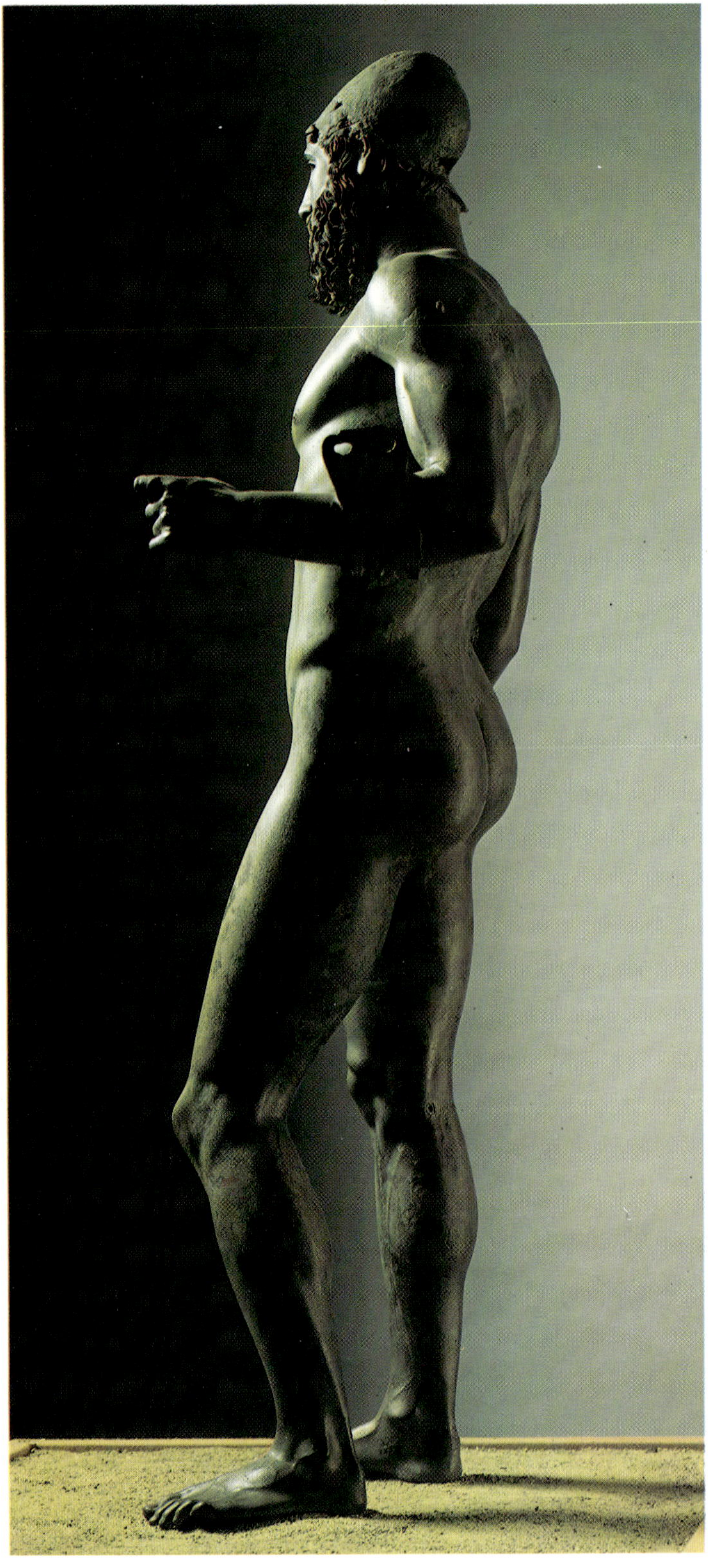

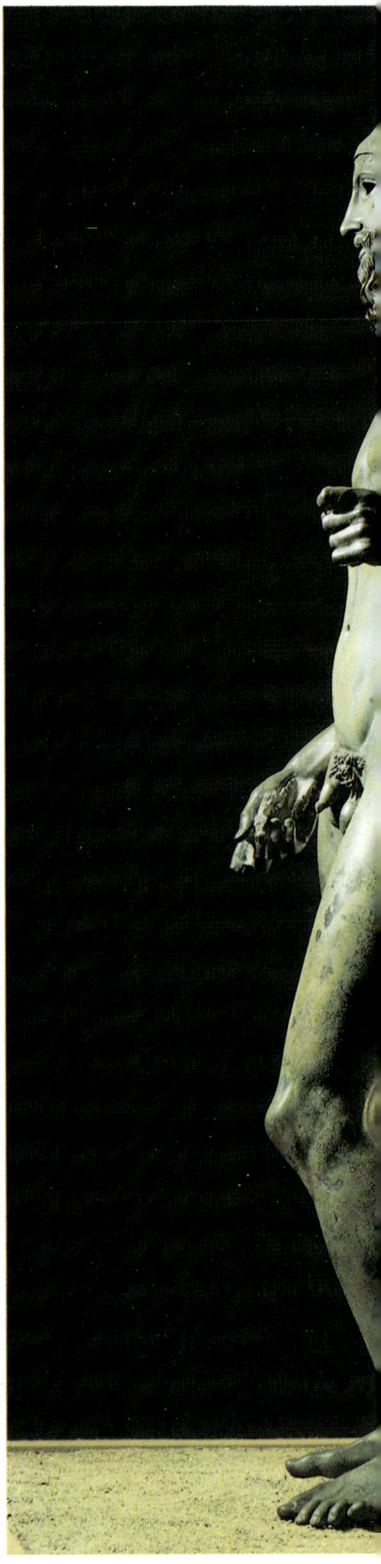

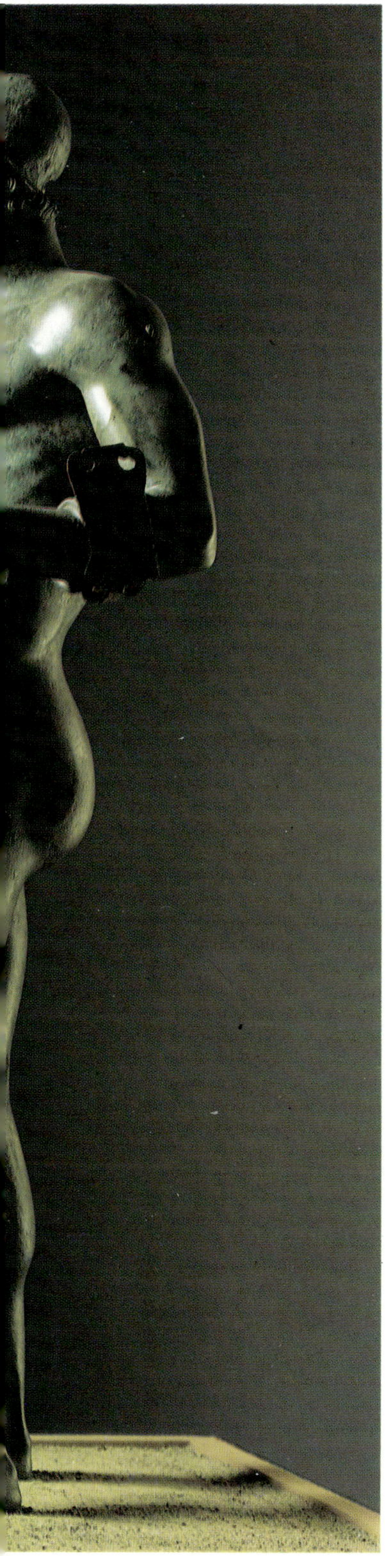
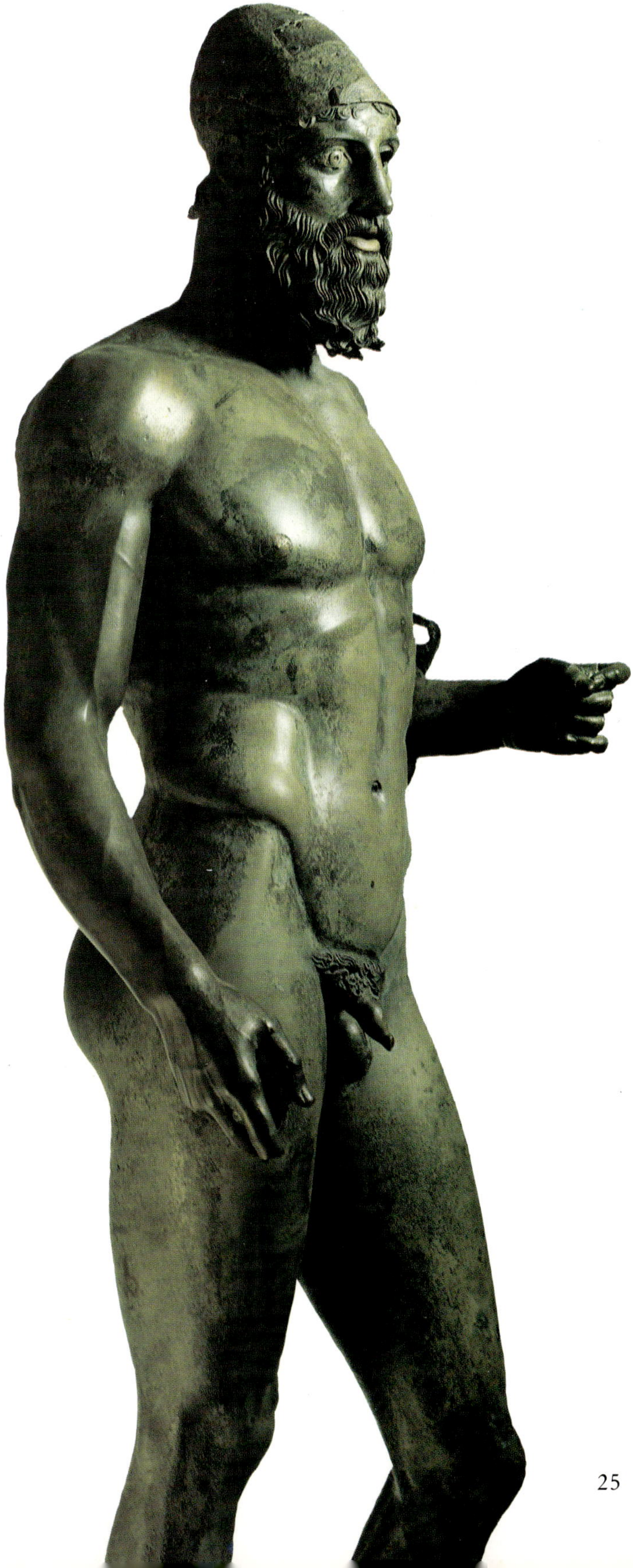

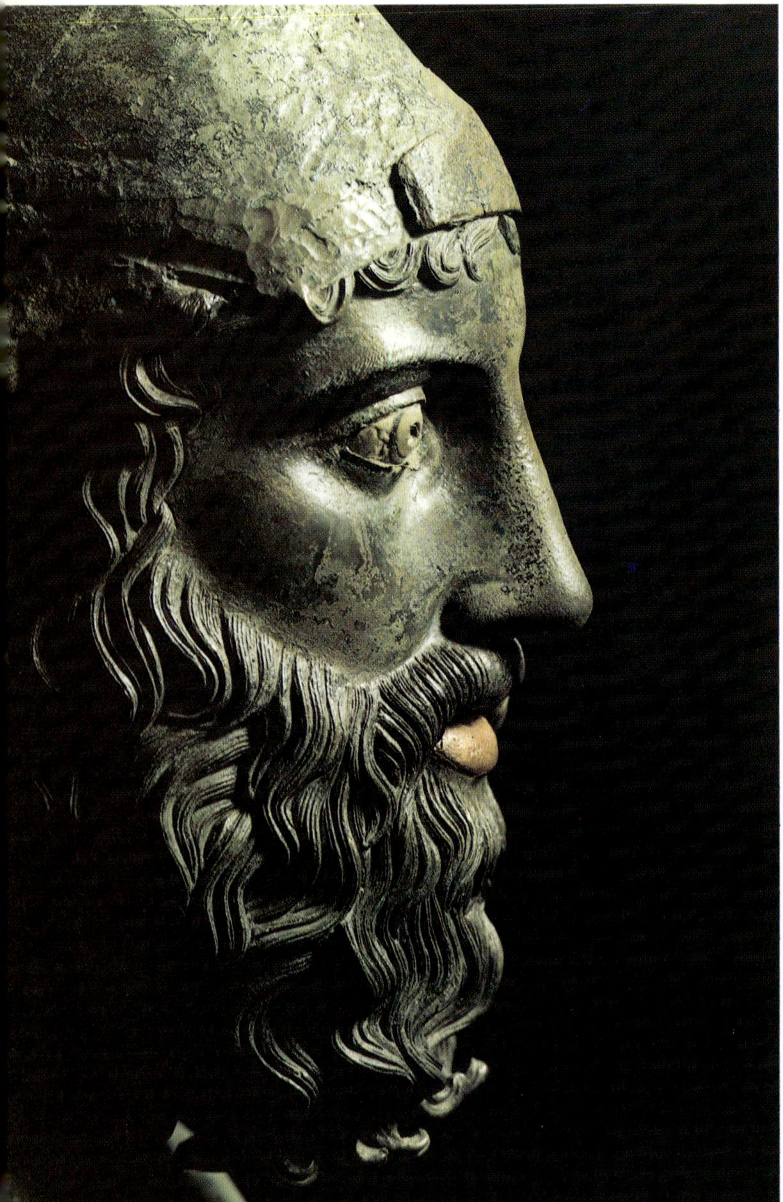

Hier das Gesicht derselben Statue im Profil. Der vergrößerte Ausschnitt auf der rechten Seite erlaubt ein noch genaueres Studium der Details: die Locken auf der Stirn, das Auge, das wallende Barthaar. Die Skulpturen von Riace scheinen für diese Art schrittweiser Entdeckung geschaffen zu sein: jeder Ausschitt eröffnet neue begeisternde Aspekte. Zum einen zeigen derartige Zooms, wie gut die Bronzeoberfläche erhalten ist, obwohl sie Korrosionsprozessen ausgesetzt war. Zum anderen werden immer feinere Nuancen des Gesichtsausdruckes sichtbar. Das Geheimnis um Herkunft und Geschichte der nach Jahrhunderten wieder ans Tageslicht geholten Statue steigert das Bedürfnis, dem Krieger das Wort, welches er vielleicht gerade ausspricht, von den Lippen abzulesen.

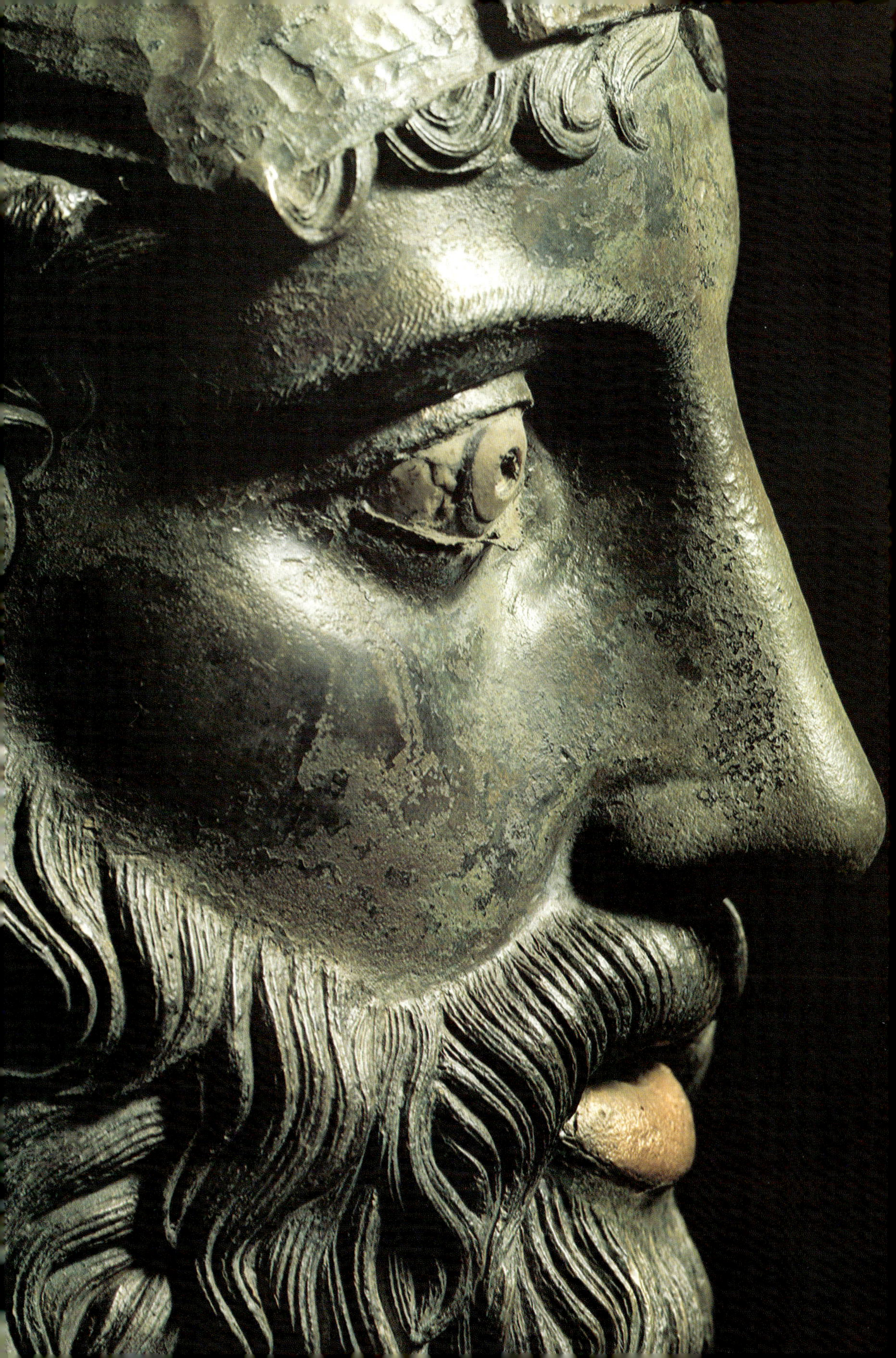

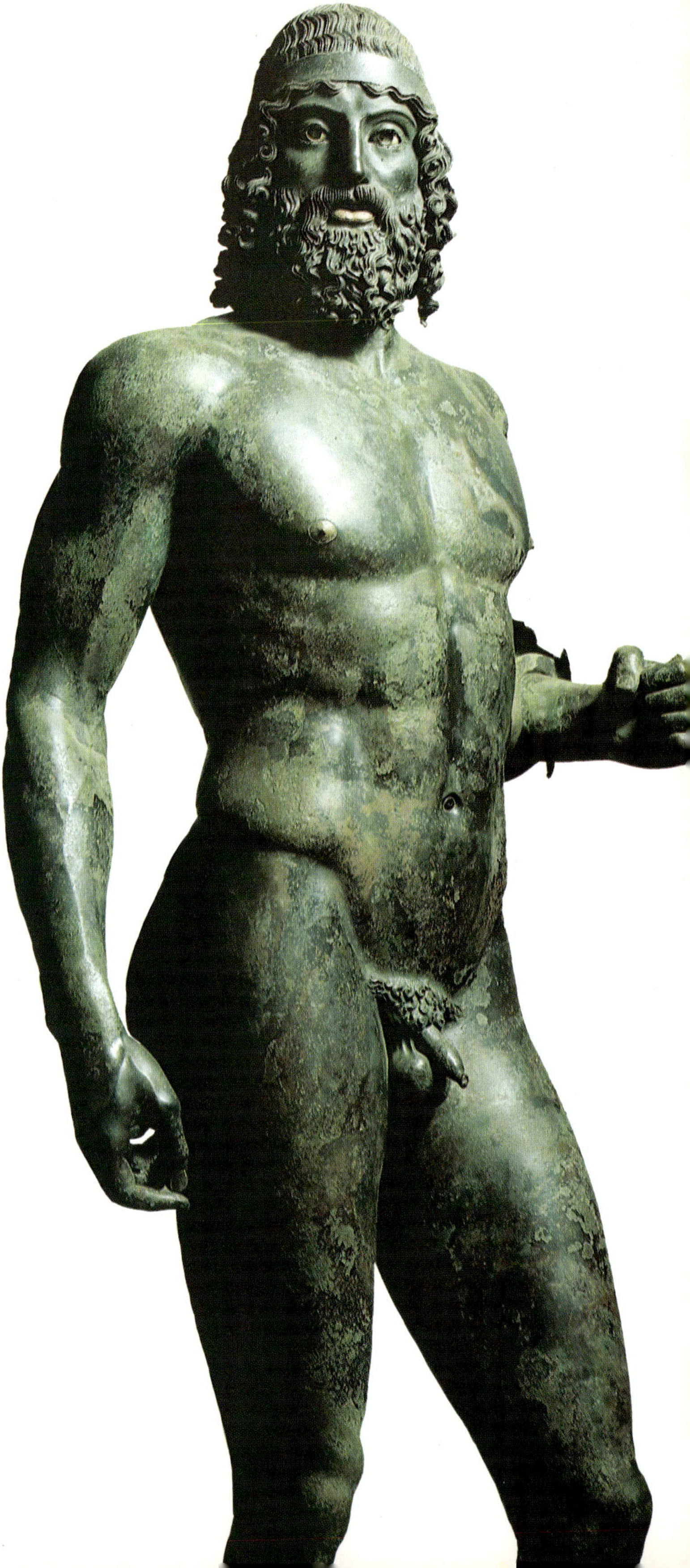

Der behaarte Krieger, die Statue A, wurde von Anfang an als die ästhetisch wertvollere Figur angesehen. Der nackte Männertorso, bevorzugtes Sujet der klassischen Bildhauerei, wurde hier zweifellos nach einem idealtypischen Modell gestaltet, einer Synthese von Gott, Athlet und Held. Die großflächige anatomische Struktur entspricht einem ästhetischen Ideal, das die Grenzen rein körperlicher Schönheit übersteigt. Auch diese Statue scheint sich im Raum zu bewegen. Die Arme liegen nicht am Körper, wie es für alte Standbilder typisch wäre, sie sind abgewinkelt: der linke wohl um das Schild, der rechte, um die Lanze zu halten. Dadurch streckt sich die Statue maßvoll in den Raum. Die Figur ist zwei Meter hoch, kraftvoll und vital. Doch alle Blicke richten sich auf das einzigartige, üppig behaarte Haupt. Die Lippen sind halb geöffnet, vielleicht für den Atemzug, der den Brustkorb spannt.

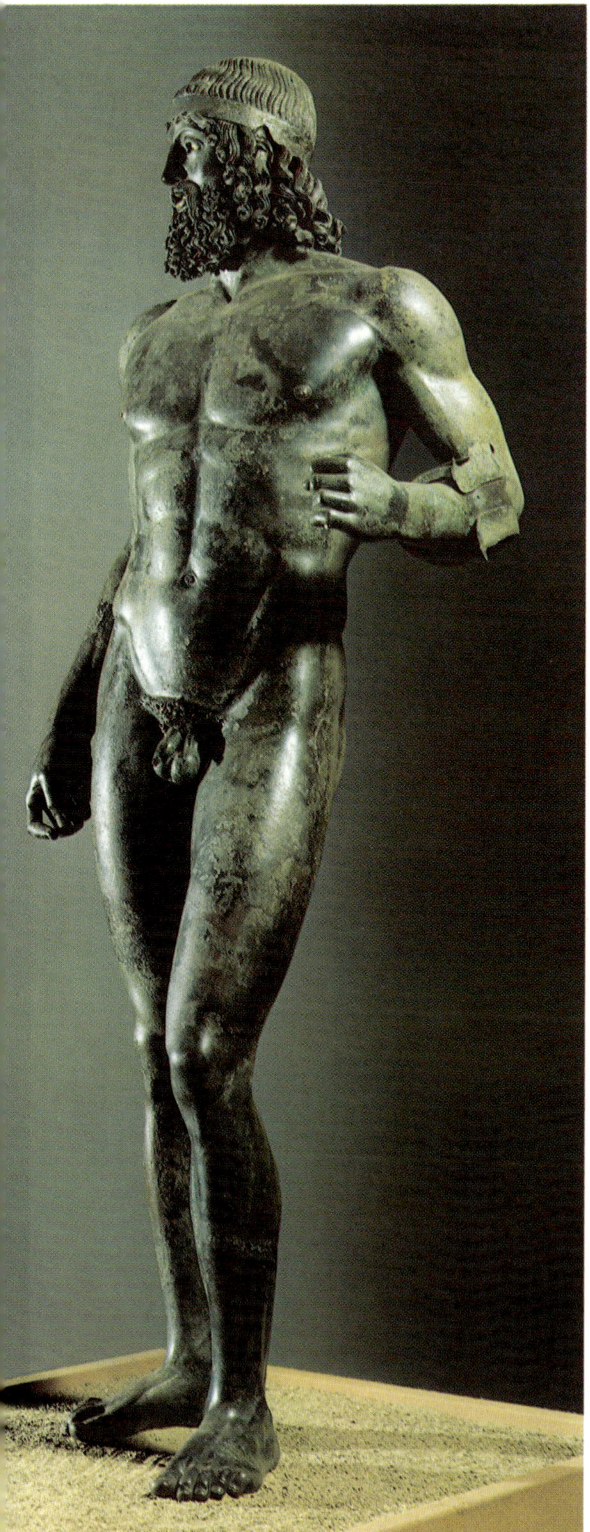

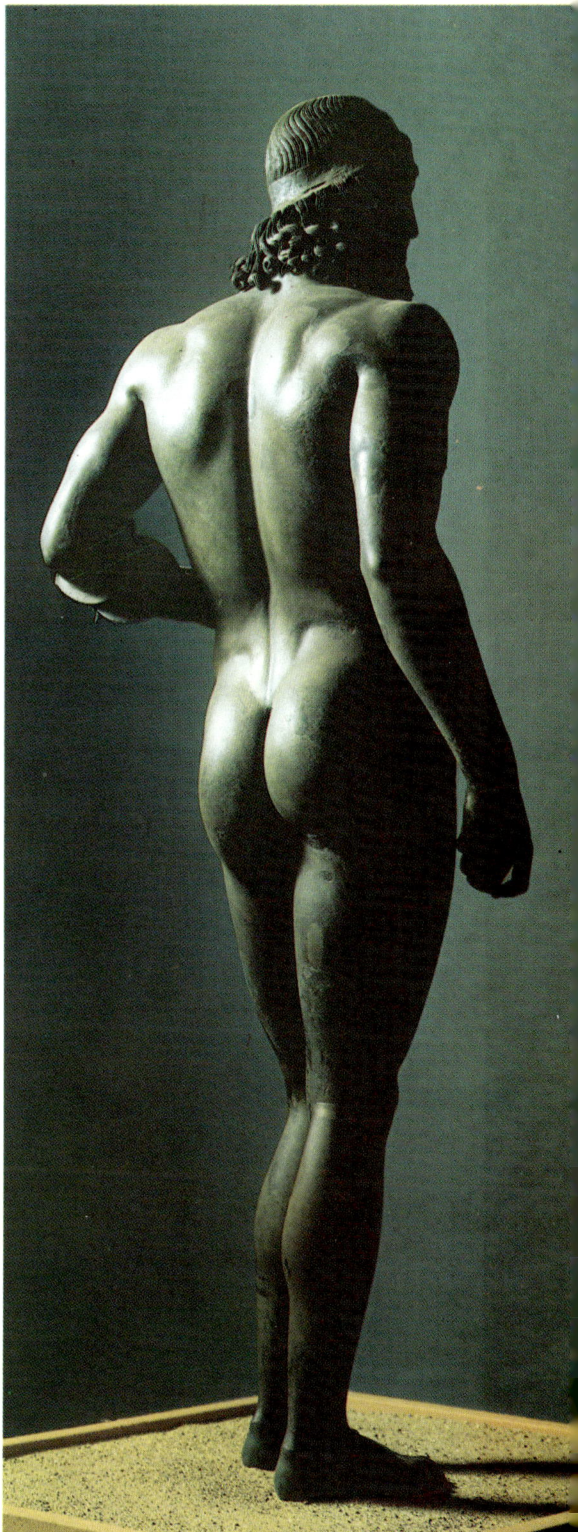

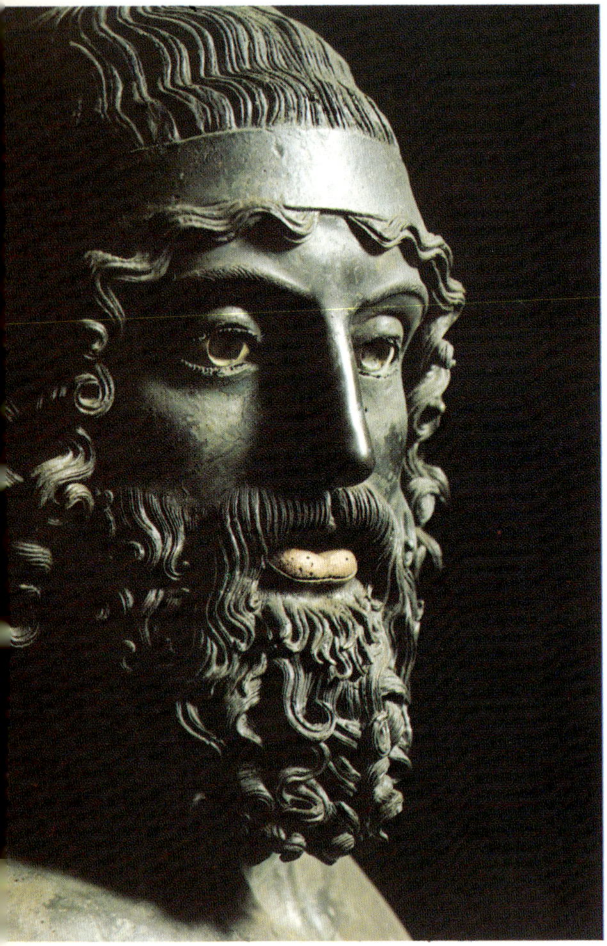

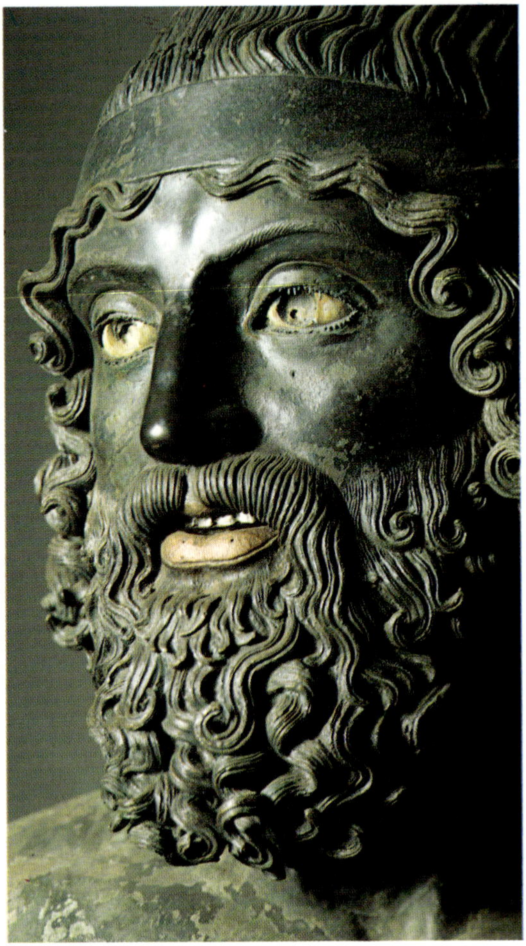

Auf dieser Doppelseite ist der Gesichtsausdruck der Statue in drei Perspektiven gegenübergestellt. Er ist nicht leicht zu deuten, versetzt den Betrachter aber in Spannung und Verwirrung. Der Bildhauer hat viel Geschick darauf verwendet, diesen ausdrucksstarken und gleichzeitig so klassischen Kopf zu formen. Auf dieser und der nächsten Doppelseite werden einige Details hervorgehoben: so die Wimpern, die auf die Augenlider aufgesetzt wurden und die der Restaurator behutsam von Verkrustungen befreit und kenntnisreich konserviert hat, dann die schmuckvolle Frisur und der Bart. Zwangsläufig fühlt man sich an eine Stelle bei Plinius dem Älteren erinnert (Naturgeschichte, XXXIV, 59), die einen griechischen Bildhauer aus Samos beschreibt, der nach Süditalien übersiedelte und deswegen als »Pythagoras von Reggio« bekannt wurde. Pythagoras von Reggio war ein berühmter Bronzebildhauer und schuf vor allem Männerakte. Plinius zufolge fand er große Anerkennung als in seiner Zeit der angesehenste Künstler für das Modellieren von Frisuren.

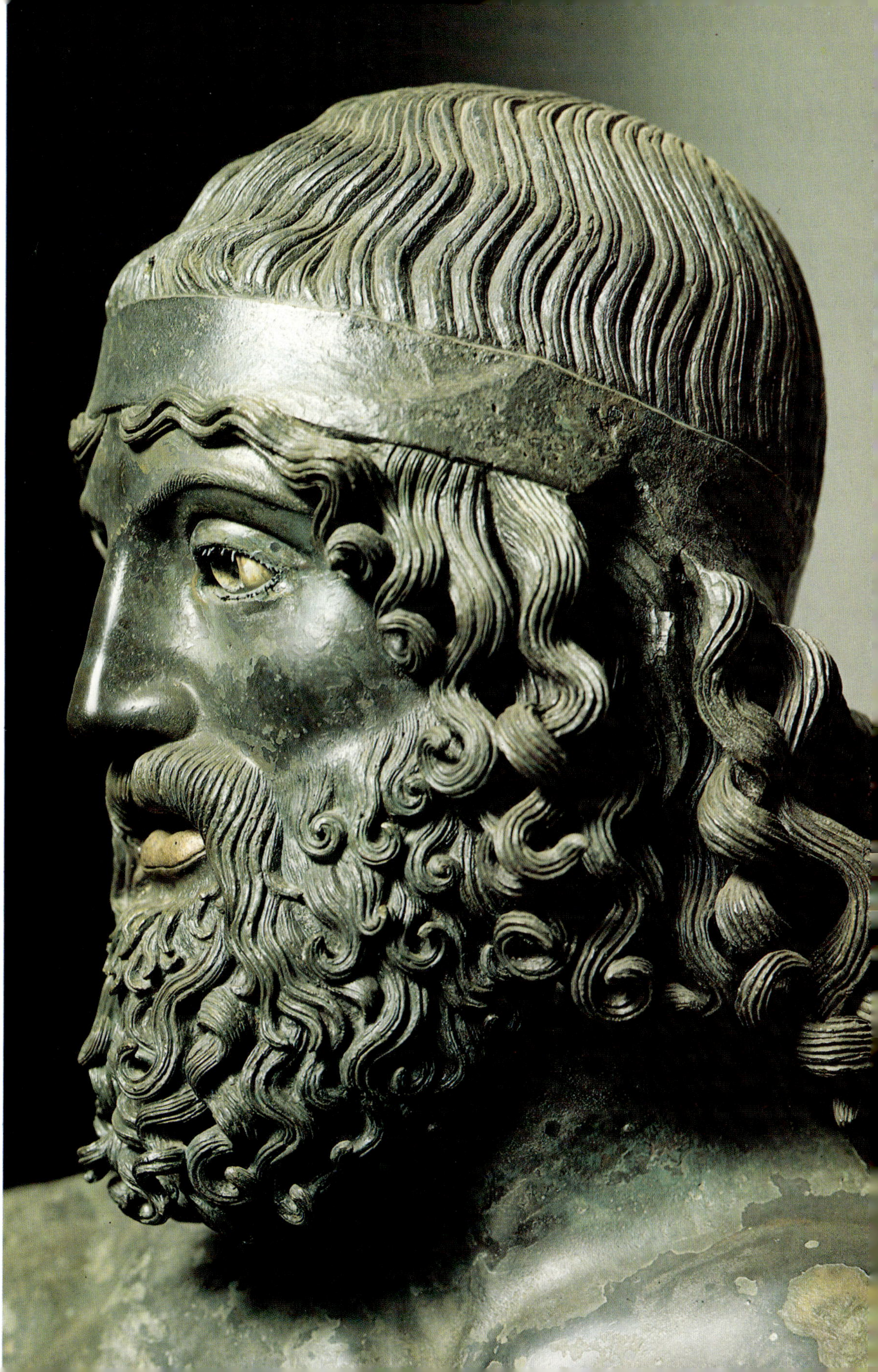

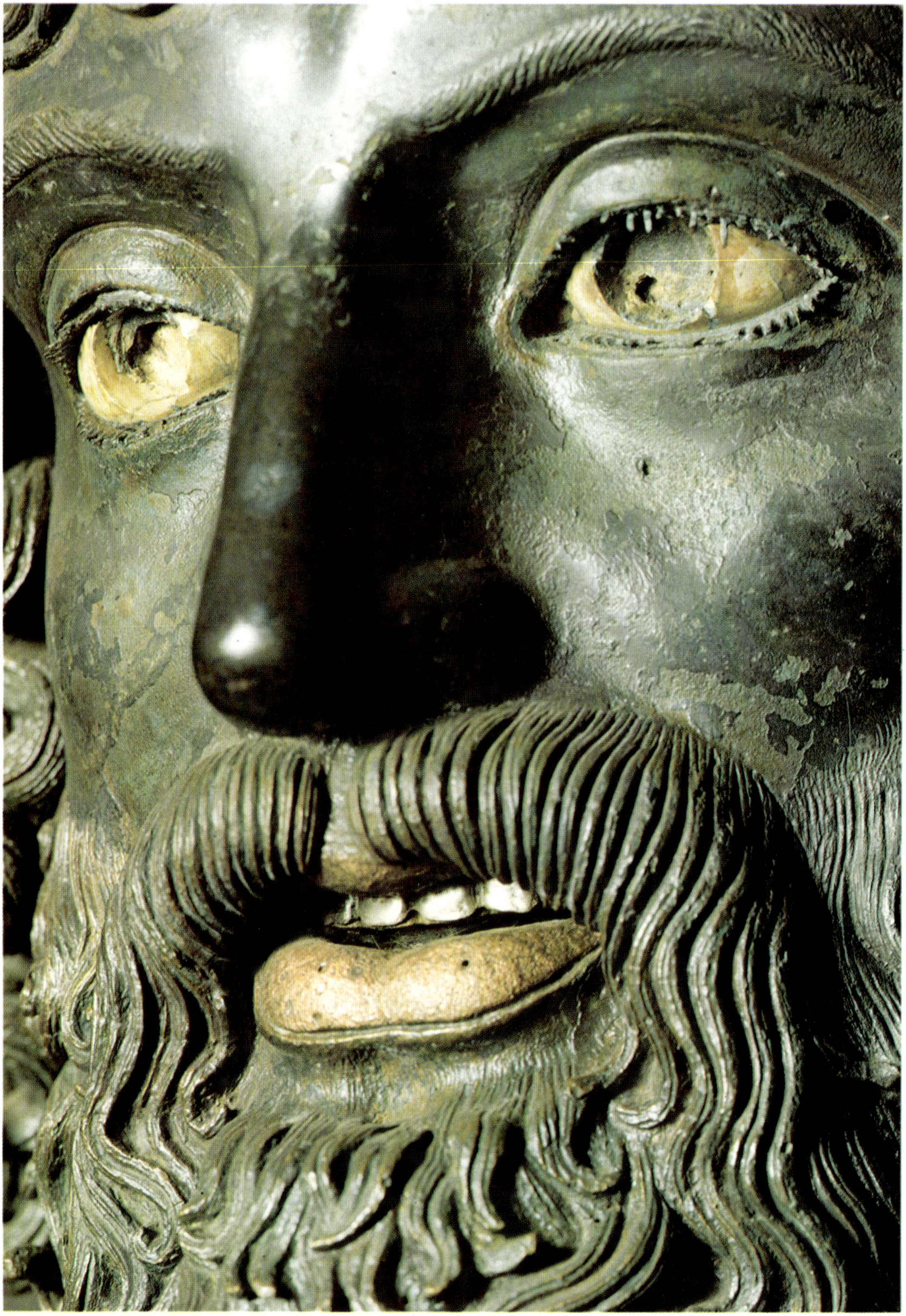

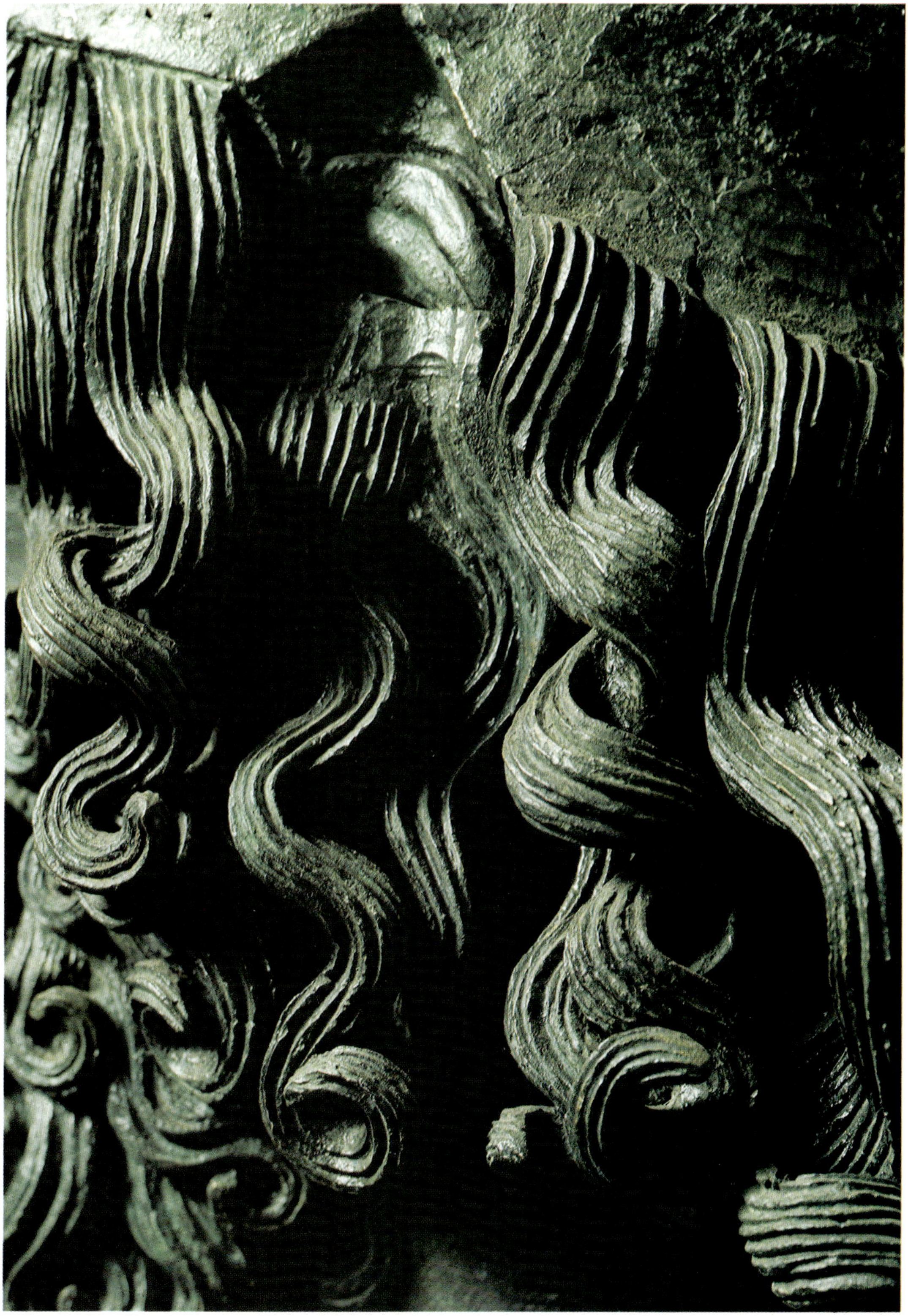

Der bildhauerische Realismus des eben erwähnten Pythagoras war besonders für die plastische Darstellung der Venen und Sehnen berühmt. Das scheint auf die Bronzeskulpturen von Riace zuzutreffen. Bei Zuschreibungen ist jedoch Vorsicht geboten. Die Wissenschaftler haben bisher keine endgültigen Aussagen machen können. Die hier abgebildeten Ausschnitte der Kunstwerke sollen nur eine nahe, prüfende Sicht der eindrucksvollen Statuen ermöglichen. Die Fußstellung gibt nützliche Hinweise für die historische Einordnung. Und es muß auch darauf hingewiesen werden, daß der rechte Arm mit den deutlich gestalteten Venen bei einigen Interpreten die Vermutung weckte, er sei in einer anderen Epoche als der Rest der Figur gestaltet worden (vielleicht mußte er ersetzt werden). Der anatomische Realismus ist in jedem Fall bedeutsam.

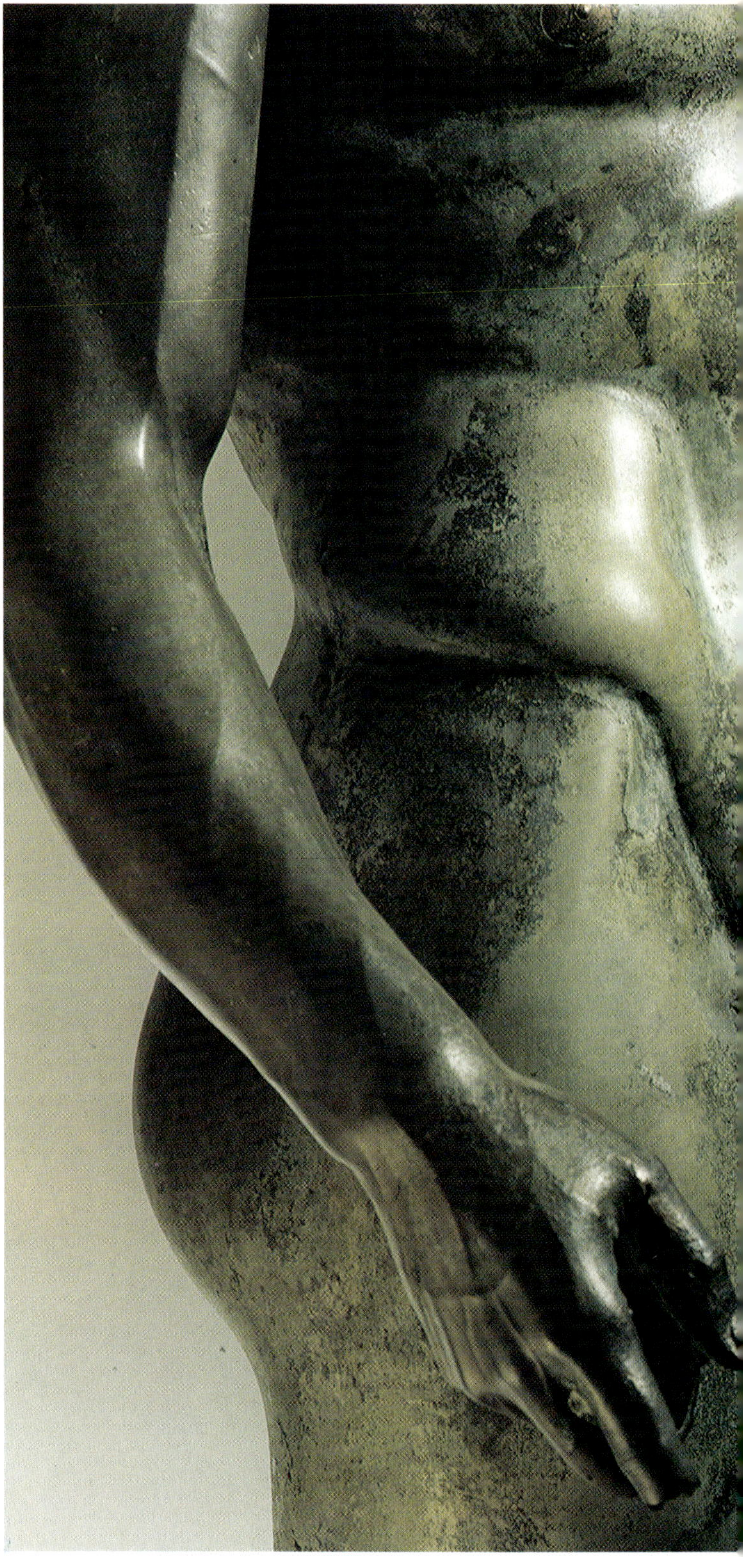

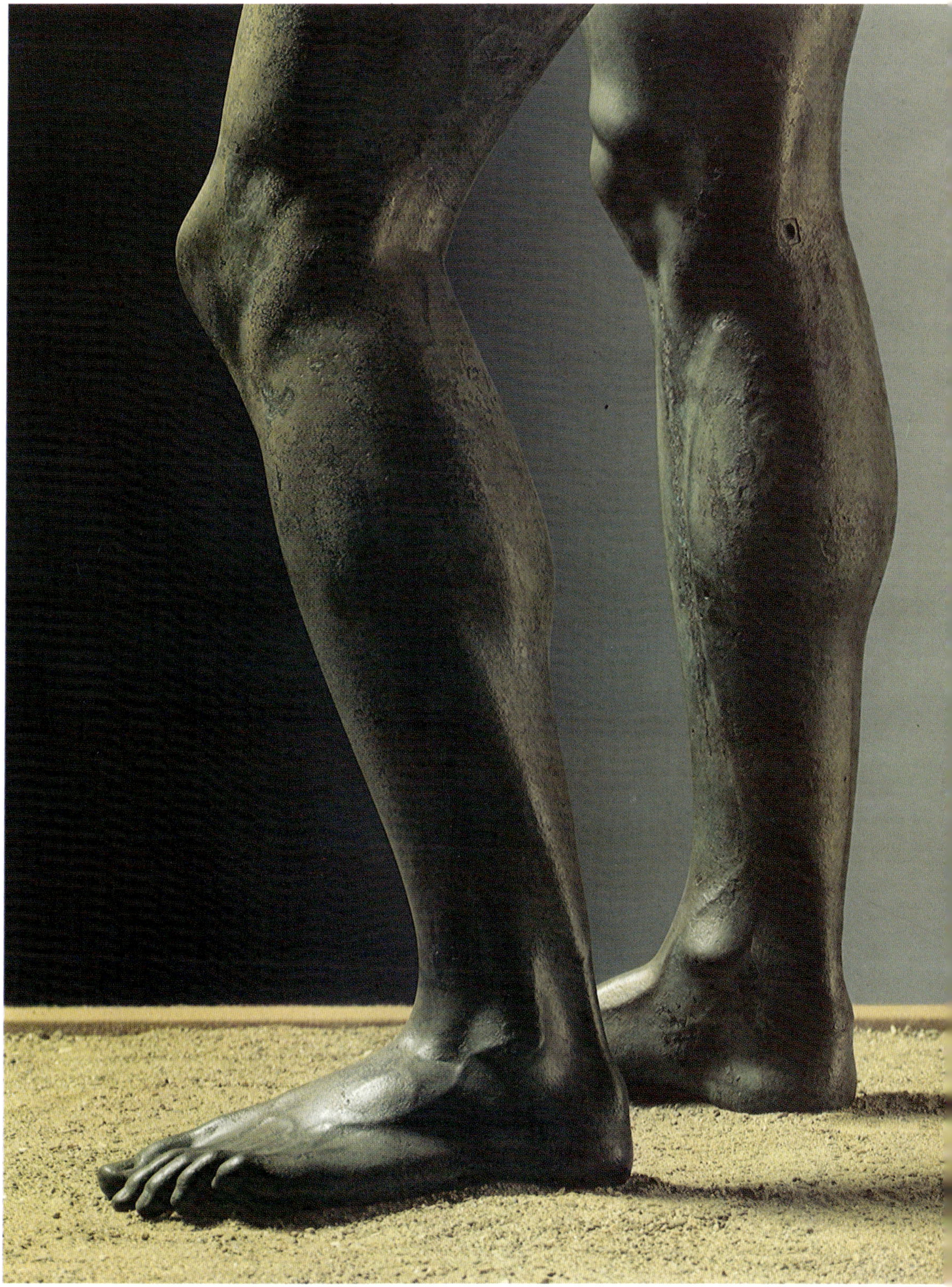

Der Fund von Porticello

Kürzlich wurde im Museo Nazionale di Reggio Calabria die Abteilung für Unterwasserarchäologie erweitert und für das Publikum geöffnet. Die Bronzestatuen von Riace fanden hier ihren definitiven Standort, aber auch der hohe Wert anderer Meeresfunde Kalabriens wurde endlich berücksichtigt. Unter ihnen stechen die Objekte aus dem Schiffswrack von Porticello besonders hervor.

Es handelt sich um eine zufällige Entdeckung. Einige Fischer und Taucher fanden 1969 in der Bucht von Porticello an der südlichen Mündung der Meeresstraße von Messina unweit der Gemeinde Villa San Giovanni eine große Anzahl von Gegenständen aus dem alten Griechenland. Sie beschlossen, den Schatz heimlich zu bergen. Einige der gestohlenen Amphoren wurden auf dem Antiquitätenmarkt angeboten, mindestens zwei bleierne Ankerketten zerstört, eingeschmolzen und als Metall verkauft. Ein Statuenkopf, der zusammen mit anderen Fragmenten lebensgroßer Figuren aus dem Meer geholt wurde, wurde vermutlich an ein ausländisches Museum verkauft. Zu diesem Zeitpunkt wurde der Fund durch Streitigkeiten unter den Plünderern bekannt. Die Oberintendantur für Archäologie der Region Kalabrien konnte eingreifen, und es gelang, weitere Skulpturenfragmente (darunter der Kopf eines alten Mannes von außergewöhnlicher Schönheit und zusätzliche Fundstücke zu bergen. Sofort war klar, daß hier ein griechisches Schiffswrack von außergewöhnlicher Bedeutung lag. Guiseppe Foti, der Leiter der Oberintendantur, veranlaßte sofort eine erste genaue Erkundung und Vermessung des Gebietes durch die Tauchereinheit der Polizei von Messina.

Passionierte einheimische Hobbytaucher unterstützten sie. Gleichzeitig nahm Foti Kontakt zu Wissenschaftlern der Universität Pennsylvania auf, die seit Jahren Unterwasserausgrabungen im Mittelmeer trieben und über fortschrittlichste Ausrüstungen und Methoden verfügten. Im Sommer 1970 untersuchte die amerikanische Mannschaft wieder in Zusammenarbeit mit der Polizei von Messina systematisch das Terrain. Starke Strömungen behinderten die Arbeit. Doch wurden wissenschaftliche Daten gewonnen, die nicht nur die Rekonstruktion vieler Teile des Wracks, sondern auch eine genaue historische Einordnung ermöglichten.

Die Lage der einzelnen Fundstücke wurde genau bestimmt und führte zu der Überzeugung, daß das Schiff etwa 15 Meter lang war. Es handelte sich also um ein eher kleines Wasserfahrzeug, geeignet zum Warentransport auf mittleren Strecken. Die Reste der Holzplanken vom Schiffsrumpf waren zwar durch die Strömung verstreut worden, trotzdem war zu erkennen, daß die Konstruktion dieses Schiffes der eines anderen, weit besser erhaltenen Schiffes entsprach, das vor Kyrene auf Zypern entdeckt worden war. Das Schiff war, wie allgemein in der Zeit der Antike üblich, mit mehreren Ankern ausgerüstet.

Das Ungewöhnlichste an der Ladung, die größtenteils aus riesigen Vorratsamphoren bestand (zwanzig Stück sind in unversehrtem Zustand erhalten), waren zahlreiche Skulpturenfragmente aus Bronze: es scheint, als seien sie absichtlich zerstört und die Bruchstücke dann auf das Schiff geladen worden. Vielleicht sollten sie zum Einschmelzen transportiert und das Metall dann wiederverwendet werden. Mindestens zwei Statuen sind Männerakte in Lebensgröße, aber der Großteil der Fragmente gehört zu einer lebensgroßen Standfigur, die einen bekleideten Greis mit einem langen Bart darstellt.

Es wurden zu wenige zusammenhängende Stücke gefunden, um die Figur wieder zusamenzusetzen. Glücklicherweise ist jedoch der Kopf erhalten, ein Bildnis von außergewöhnlicher Qualität, das die individuellen physiognomischen Züge des Modells erkennen läßt. Es gibt bisher keine genauen Hinweise, die zur Identifikation der Figur führen könnten. Die Griechen gaben Standbilder von berühmten Persönlichkeiten in Auftrag und bezahlten die Künstler. Der Typus des stehenden, bekleideten Greises stellte meist Literaten oder Denker dar, so daß die Figur »Der Philosoph von Porticello« genannt wurde.

Für die Entwicklungsgeschichte der griechischen Kunst ist die Figur von herausragender Bedeutung, denn sie wirft auf die Ursprünge der Porträtfigur selbst ein ganz neues Licht. Heute ist dieses »Genre« eine Selbstverständlichkeit, völlig anders verhielt es sich jedoch in der Antike. Wie in den meisten alten Kulturen des östlichen Mittelmeerraums stand nicht die Abbildung individueller Züge im Vordergrund, vielmehr wurden Typen geschaffen und die Darstellung des Menschen in dem Sinn überindividuell konzipiert. Der Natur abgeschaute Details wurden nach vorgefaßten proportionalen Vorstellungen in einem konstruierten Bild aufeinander abgestimmt, man richtete sich nach einer idealisierten Auffassung vom Menschen. Dieser ästhetishe Leitsatz gilt für die Bronzestatuen von Riace, von denen sich der sogenannte »Philosoph von Porticello« nun grundlegend unterscheidet. Mit den großen Tragikern von Sophokles bis Euripides vertieft sich in der griechischen Kultur des 5. Jahrhunderts die Auseinandersetzung mit der Seele des Menschen, mit seinen Leidenschaften und oft beklemmenden Widersprüchen. Die Sophisten (und Sokrates, der dann deren Philosophie weiterentwickelt) bestimmen den Menschen zum zentralen Bezugspunkt und begrenzen dadurch die rationale Ordnung des Universums. Dieser »erste Humanismus« bestätigt und bewertet die Rolle des Individuums im Rahmen der Gesellschaft neu. In einem derartigen weltanschaulichen Rahmen wird das neue, revolutionäre Konzept, in der Kunst eine naturalistische Darstellung der individuellen Physignomie zu bieten, genauso nachvollziehbar wie die bildhauerische Huldigung seiner Persönlichkeit, die uns heute zwar unbekannt ist, damals jedoch vielleicht aus irgendeinem Grund berühmt war. Dem »Philosophen von Porticello« vergleichbare Werke sind bisher nur aus dem 4. Jahrhundert v. Chr. bekannt. Da diese Skulptur sicher auf das 5. Jahrhundert v. Chr. zu datieren ist, handelt es sich um das älteste derzeit bekannte griechische Porträt, das der Entwicklung dieser Kunstform weit voraus ist.

Unabhängig von einer tiefgreifenden kunstgeschichtlichen Wertung muß wohl jeder Besucher des Museo di Reggio Calabria dieses Gesicht faszinierend finden. Charakteristisch sind: die scharfe Adlernase, die sensible Plastizität der Stirn, die für jedes Gesicht typische Assymmetrie, die schon etwas eingefallenen Wangen und das schüttere, leicht strähnige Haar, das über den Ohren auffallend natürlich angeordnet ist. Die Augen waren mit einer gefärbten Glaspaste beschichtet, was dem Gesicht noch mehr Lebendigkeit verleiht. Leider ist nur ein Auge erhalten.

Die Statuen von Riace und der »Philosoph von Porticello« befinden sich in demselben Ausstellungsraum und stehen für zwei grundverschiedene, aber sich gegenseitig ergänzende Ausprägungen der Kunst Griechenlands aus dem 5. Jahrhundert v. Chr.

Claudio Sabbione

Der athletisch-martialischen Schönheit der beiden Bronzestatuen steht die nachdenkliche Schönheit dieses ebenfalls im Meer gefundenen Bildnisses idealtypisch gegenüber. Das Antlitz des alten Mannes – mit der spitzen Adlernase, der sensiblen Plastizität der Stirnpartie, mit der für jedes Gesicht typischen Assymmetrie und dem schütteren Haar, das in feinen Strähnen auffallend natürlich die Ohren bedeckt – strahlt den konzentrierten Ernst eines Denkers aus. Aus diesem Grund und weil eine genaue Identifizierung des Gesichtes bisher nicht gelungen ist, wurde die dritte Bronzeskulptur von Reggio schnell unter der Bezeichnung »Der Philosoph von Porticello« bekannt. Der »Philosoph von Porticello« erinnert daran, daß diese Statuen der Welt des Sokrates, des Euripides und des Pythagoras entstammen. Es handelt sich um die älteste bekannte plastische Darstellung eines individuellen Gesichts aus Griechenland, also um einen Fund von herausragender und unerwarteter Bedeutung.

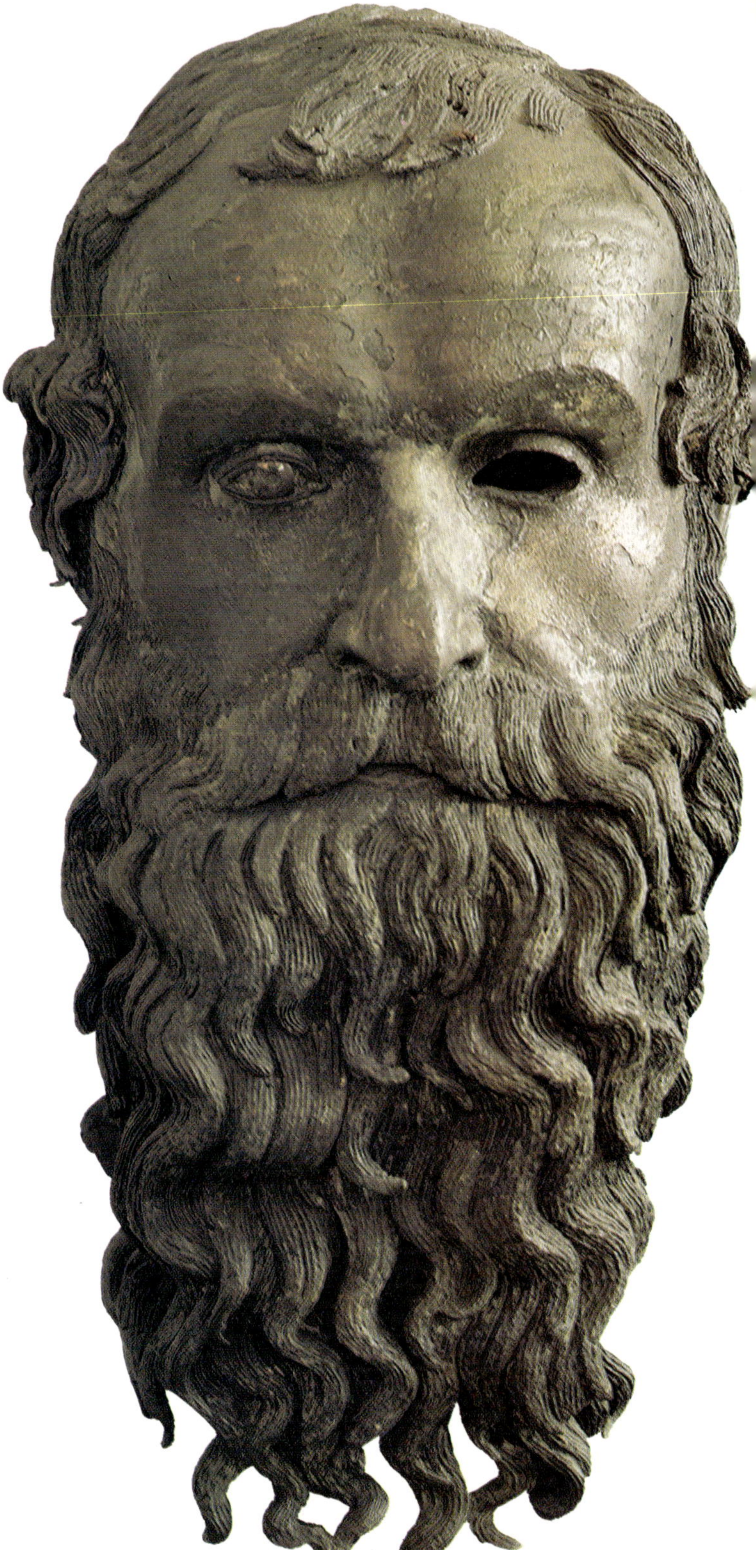

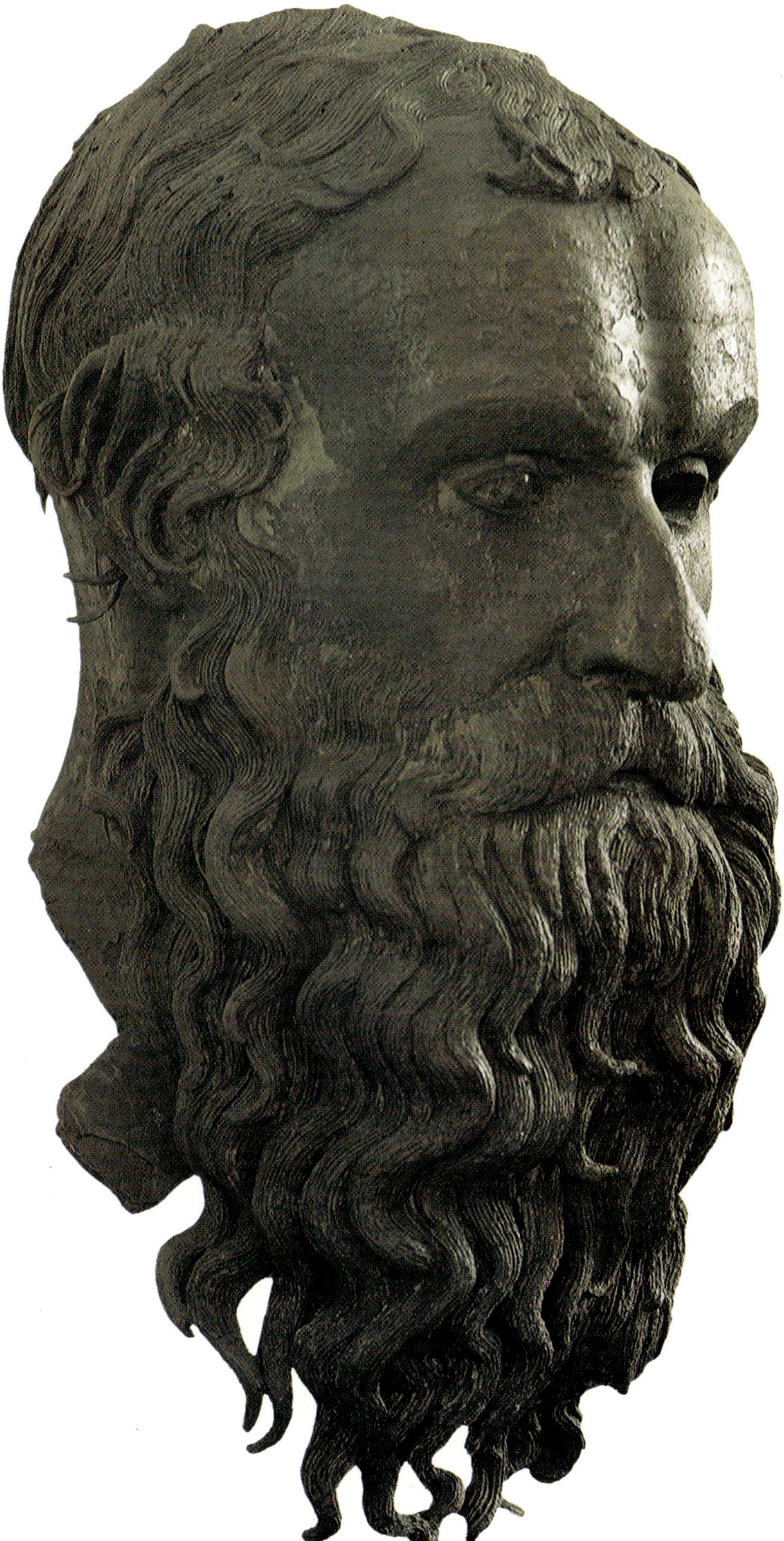

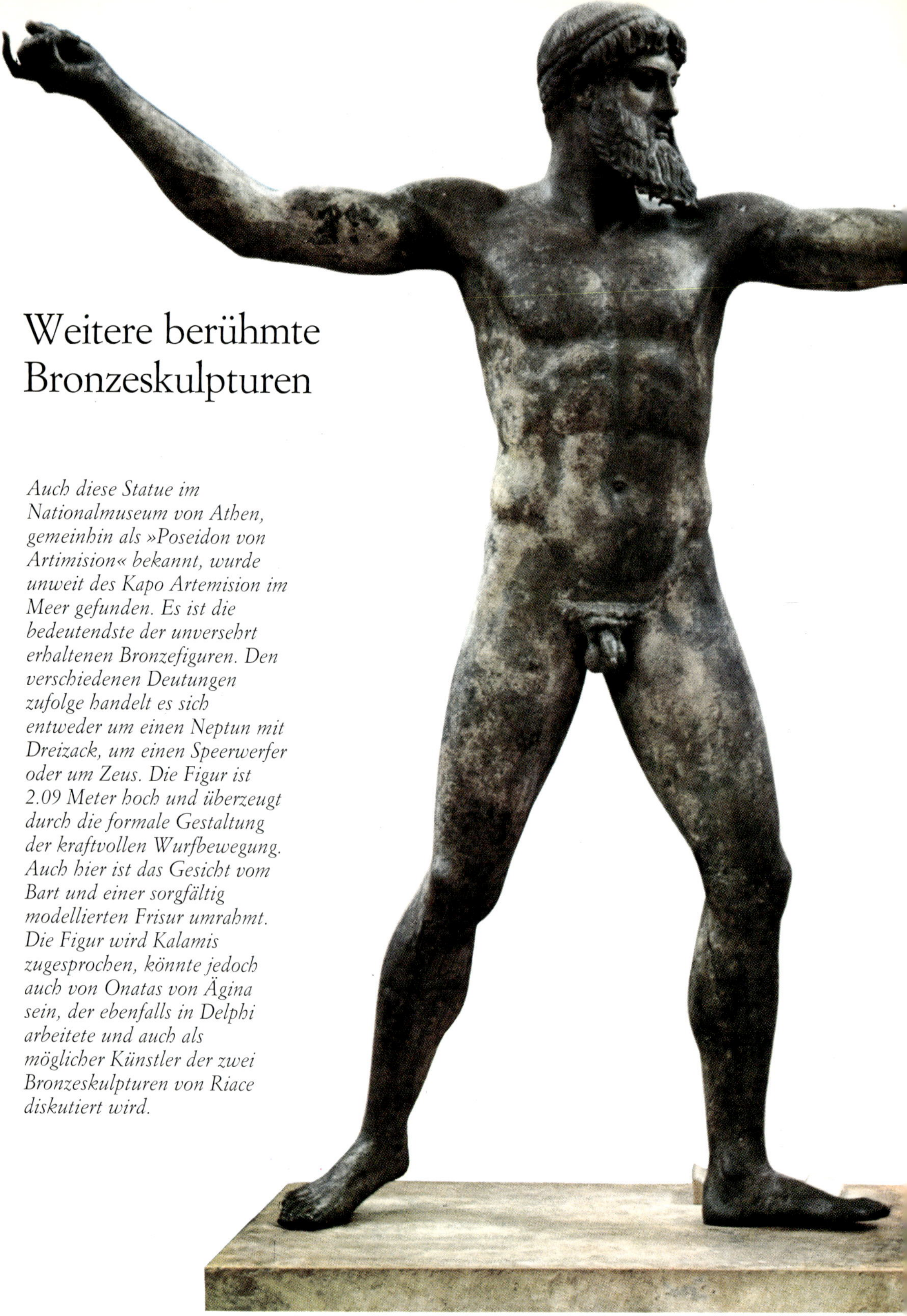

Weitere berühmte Bronzeskulpturen

Auch diese Statue im Nationalmuseum von Athen, gemeinhin als »Poseidon von Artimision« bekannt, wurde unweit des Kapo Artemision im Meer gefunden. Es ist die bedeutendste der unversehrt erhaltenen Bronzefiguren. Den verschiedenen Deutungen zufolge handelt es sich entweder um einen Neptun mit Dreizack, um einen Speerwerfer oder um Zeus. Die Figur ist 2.09 Meter hoch und überzeugt durch die formale Gestaltung der kraftvollen Wurfbewegung. Auch hier ist das Gesicht vom Bart und einer sorgfältig modellierten Frisur umrahmt. Die Figur wird Kalamis zugesprochen, könnte jedoch auch von Onatas von Ägina sein, der ebenfalls in Delphi arbeitete und auch als möglicher Künstler der zwei Bronzeskulpturen von Riace diskutiert wird.

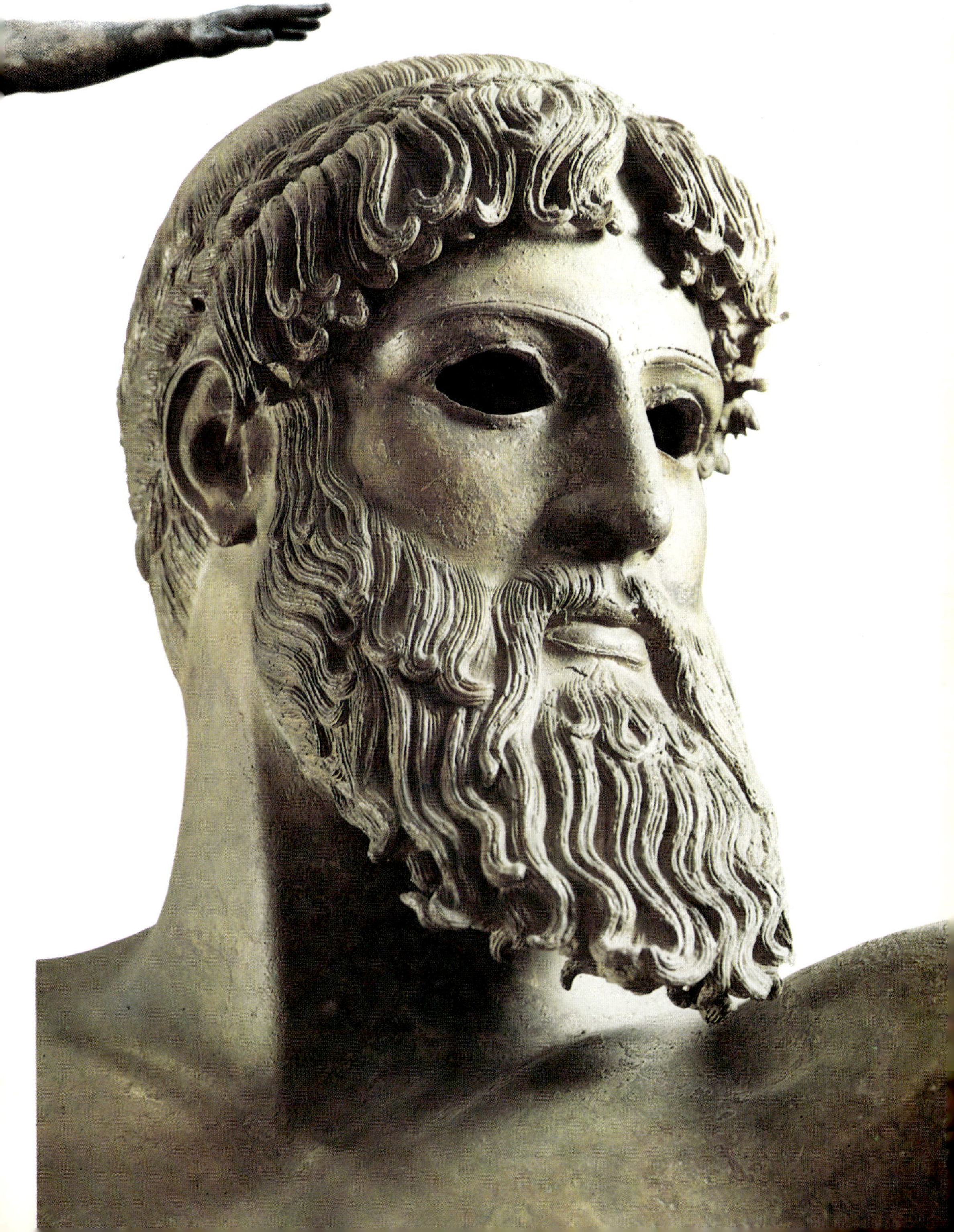

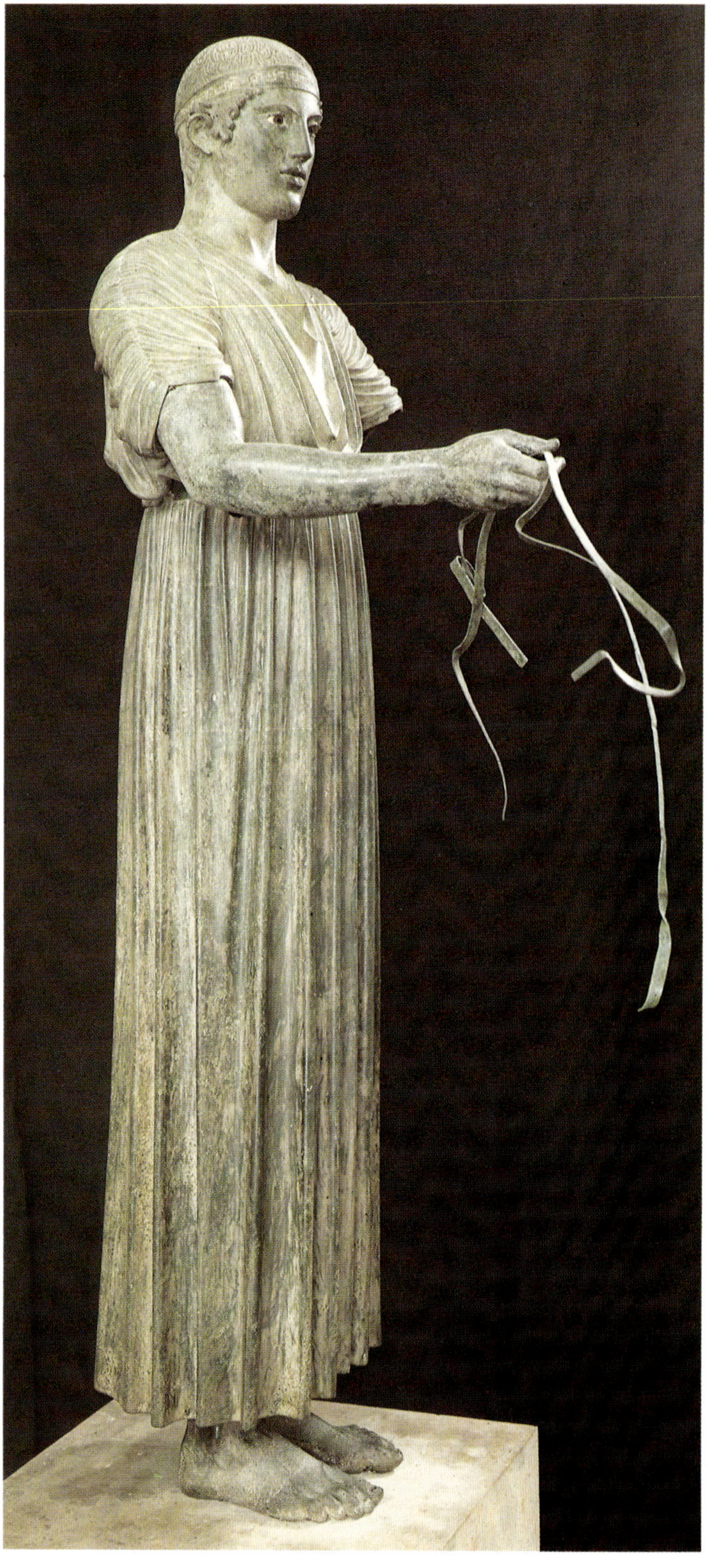

Der Wagenlenker von Delphi, ein weiterer möglicher Bezugspunkt für die Einordnung der Bronzeskulpturen von Riace, wird zwischen 470 und 480 v. Chr. datiert und markiert einen wichtigen Schritt in der Geschichte der griechischen Bronzebildhauerei. Die klassische Frontalansicht wird durch die schräge Stellung der Füße und die abgewinkelten Arme aufgebrochen. Es ist der Versuch, Dynamik und Statik, Rhythmus und Symmetrie miteinander zu verbinden. Die Augen mit einer Iris aus Elfenbein sind, wie bei den Bronzeskulpturen von Riace, von Wimpern umrahmt. Die Frisur ist sorgfältig geordnet. Der Chatsworth-Apoll aus Zypern, jetzt in London im British Museum, führt uns schließlich in die Welt der Zeitgenossen des Phidias, dessen Name bei Spekulationen über den Urheber der Bronzeskulpturen von Riace immer wieder genannt wird. Ein edles, großflächiges Gesicht, vollendet im göttlichen Ernst eines ausgewogenen Stils.

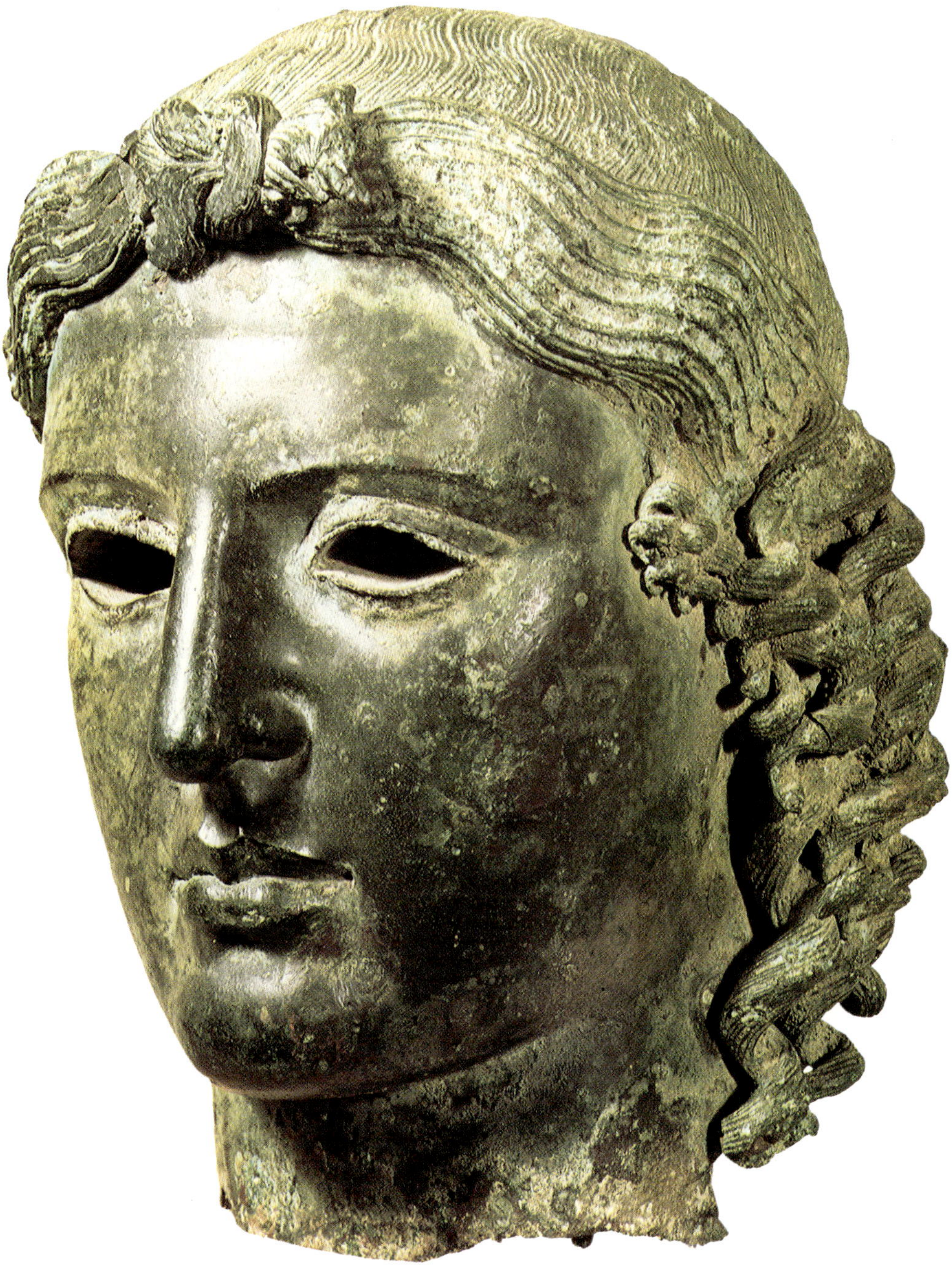

Bronzeverarbeitung in der Antike

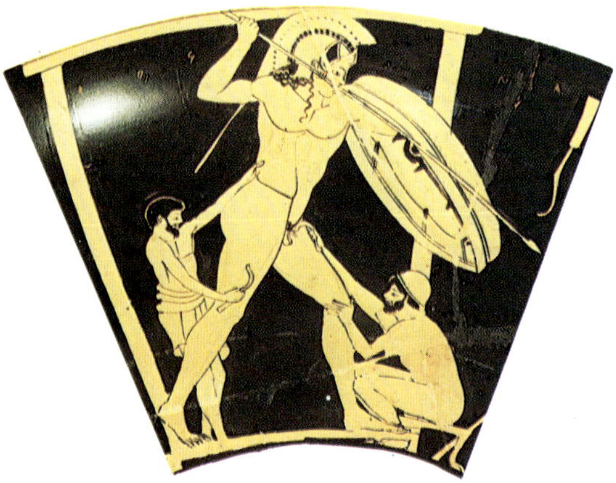

Detail des Gefäßes mit Gießereimotiven. Hier ist das Stadium abgebildet, in dem die vorher einzeln geschmolzenen Gliedmaßen der Kriegerfigur zusammengesetzt werden.

Die berühmte Kylix (Trinkschale für Wein) aus dem Besitz der Staatlichen Museen Preußischer Kulturbesitz, Berlin, von der hier einige Ausschnitte abgebildet sind, illustriert die Arbeitsschritte in einer Gießerei. Das Gefäß wird einem attischen Töpfermeister des 5. Jahrhundert zugesprochen, der wegen dieser Arbeit als »Maler der Gießerei« bekannt ist.

Wie man sieht, arbeiten die Kunsthandwerker an der Bronzeskulptur eines Kriegers mit Schild, Lanze und Helm. Als ikonographisches Dokument erhellt die Illustration des Gefäßes die Techniken der Metallverarbeitung in der Antike.

Es wird vor allem deutlich, daß die Schmelztechnik hoch genug angesehen war und als figürliches Motiv, als erzählerisches Thema der kunstvollen Dekoration eines Gefäßes verwendet werden konnte. Zahlreiche Zeugnisse belegen, daß die größten Künstler vor allem des 6. und 5. Jahrhunderts v. Chr. ihre schönsten Werke aus Bronze herstellten, nicht zuletzt wohl deswegen, weil dieses Material einfach und in großen Mengen beschafft werden konnte. Alle großen Bildhauer Griechenlands wählten Bronze als Ausdrucksmittel: Myron, Polyklet, Phidias, Praxiteles und Lysippos. Der Bildhauer erkannte in der Bronze das angemessene Material, um die erstrebten Effekte mühelos und präzis zu verwirklichen, denn Bronze ist sehr weich und leicht zu bearbeiten.

Bronze wurde insbesondere in der Phase der Bildhauerei verarbeitet, in der es die archaische Statik zu überwinden und den menschlichen Körper in seinen Bewegungen darzustellen galt.

Historischen Quellen zufolge waren Bronzestatuen in der Klassik außergewöhnlich weit verbreitet.

Es ist aber andererseits leider so, daß uns von diesen Meisterwerken, besonders von den überlebensgroßen, fast nur Marmorkopien erhalten sind. Von den wenigen Ausnahmen sind in diesem Band einige aufgeführt (Der Poseidon von Artemision, der Wagenlenker von Delphi, der

Kopf des Chatsworth-Apoll). Diese Figuren sind entdeckerische Glücksfälle, zu denen nun auch die aus dem Ionischen Meer geborgenen Bronzeskulpturen von Riace zu rechnen sind. Die Gründe dafür, daß viele Werke zerstört wurden oder verloren gingen, sind einerseits darin zu sehen, daß sie in den wirtschaftlichen Krisenzeiten Griechenlands, die auf die Blütezeiten folgten, wegen des Metallmangels wieder eingeschmolzen wurden. Wesentlicher sind jedoch die bewegten Schicksale, denen die Kunstwerke im Laufe der Jahrhunderte ausgesetzt waren (Plünderung, Schiffbruch usw.). Die Kylix von Vulci, heute in einem Berliner Museum, zeigt, daß die persische Wachsgußtechnik in den Werkstätten nach Grundsätzen erfolgte, die den heutigen durchaus entsprechen. Diese Technik war zur Zeit der Antike in Griechenland sowie in den angrenzenden Gebieten und allen angesehenen Kulturen verbreitet. Eine ausdrucksvolle und lebendige Beschreibung findet sich bei Benvenuto Cellini in den berühmten Passagen über Perseus. Die Technik besteht im wesentlichen darin, zunächst ein Modell aus Wachs zu formen (denn Wachs ist weich und gibt der Hand des modellierenden Künstlers nach). Das Modell wird dann mit einer feuerfesten Substanz überzogen (meist mit einer zu diesem Zweck angefertigten Mischung aus Erde und Sand). Zwei Öffnungen werden in der Form freigelassen, so daß das geschmolzene Wachs herauslaufen kann, wenn sie über einem Holzfeuer erhitzt wird. Dann wird durch die Öffnungen Bronze in die Form gegossen. Die Skulptur nimmt auch die feinsten Details des Wachsmodells an.

Große Skulpturen wurden meist hohl gegossen. Bei dieser Technik wird die Wachsform um einen Kern aus Erde modelliert und dann erst mit feuerfestem Material eingekleidet. Auf diese Weise entsteht ein Zwischenraum von genau der Breite, die die Wand der Skulptur haben soll. Durch den Brennvorgang schmilzt das Wachs, und in den Zwischenraum kann das Metall gegossen werden. Das Innere vieler antiker Statuen, auch der Bronzeskulpturen von Riace, weist noch Reste der Schmelzerde auf.

Der Maler der Gießerei stellt in seiner Illustration Modelle, voneinander losgelöste Gliedmaßen, den Brennofen und einige Werkzeuge dar. Die Kriegerstatue wird aus vorher gefertigten Fragmenten zusammengesetzt, was üblich war, wenn große Werke gegossen werden sollten. (Daß es sich hier um eine große Statue handelt, wird durch deren Gegenüberstellung mit den Kunsthandwerkern deutlich). Vor allem fand diese Technik Anwendung, wenn Teile mit starken Vertiefungen (Kopf, Füße) geschaffen werden sollten. Gewöhnlich wurden diese Teile von einem Gipsmodell abgesägt, jeweils solide gegossen und dann entsprechend dem Gipsmodell zusammengesetzt. Frisur, Bart, Wimpern, Nasenlöcher und Lippen wurden mit Skalpell und Stichel modelliert, wenn die Figur schon erkaltet war. Die rohe Form wurde also nach dem Brennvorgang noch durch feine Arbeit vervollkommnet. Diese Art der Ziselierung blieb allerdings den großen Kunstwerken vorbehalten. Bei kommerziell hergestellten Figuren wurde auf solche Feinheiten kein Wert gelegt. Schabwerkzeuge, Feilen, Skalpelle und Stichel unterschiedlicher Form und Größe wurden zur präzisen Gestaltung anatomischer Details (Fingernägel, Körperbehaarung, Wimpern, Augenbrauen) eingesetzt. Für Lippen und Brust wurde oft mit Hilfe von Schrägschliff Blattkupfer aufgelegt, und auch die Wimpern wurden manchmal aus einem anderen Metall hergestellt als der Rest einer Statue. Für die Gestaltung der Iris legte man unter Umständen eine Glasmasse, für die Hornhaut Elfenbein ein.

Metallographische und technische Analysen liefern der Wissenschaft objektive Informationen für die Datierung und Zuschreibung von Kunstwerken. Die Zusammensetzung der Metalle variiert (so das Verhältnis von Kupfer, Zinn und Blei), weil Metalle in den Gießereien der Antike oft wiederverarbeitet wurden oder Reste vorhergehender Güsse in den Formen hängen blieben.

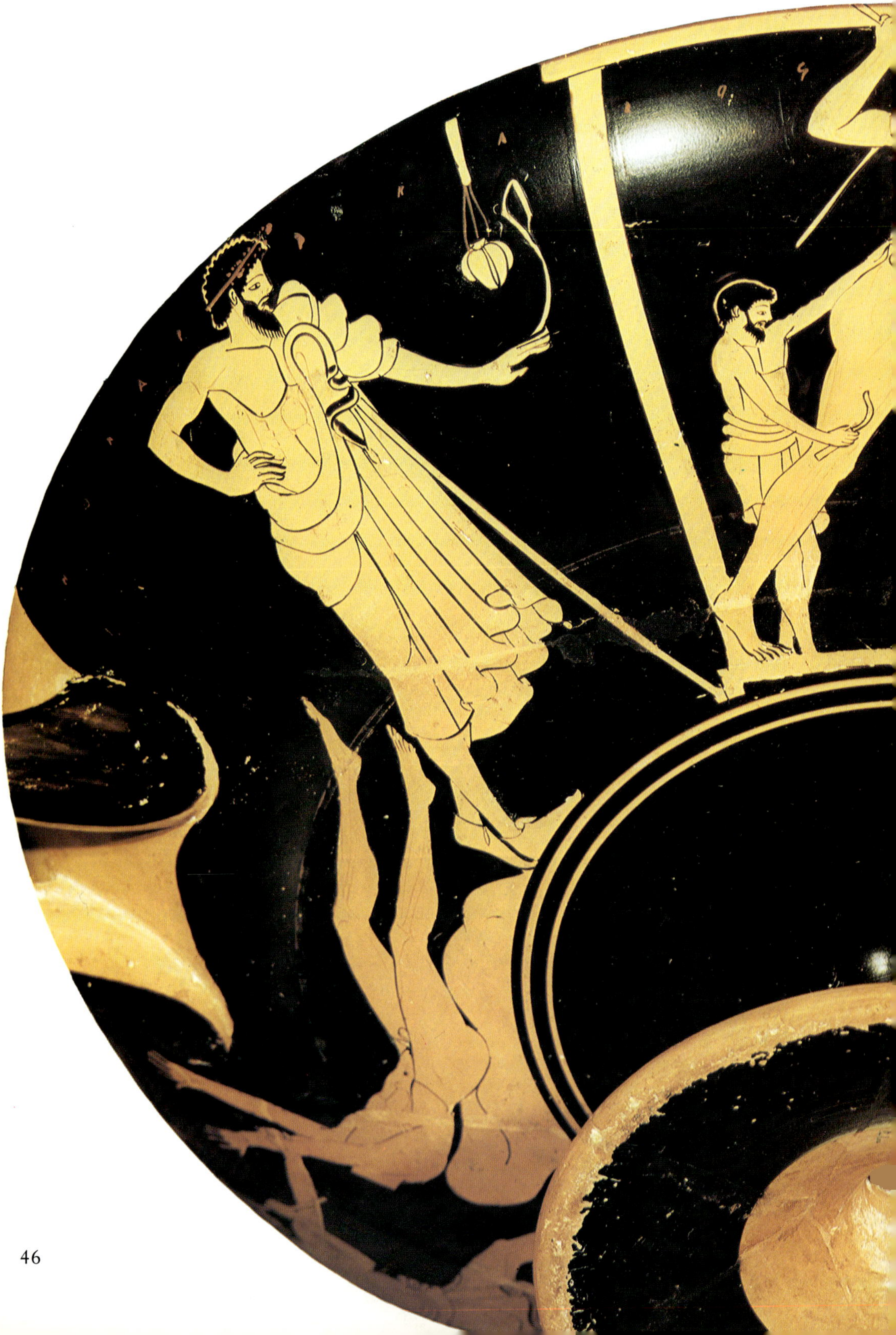

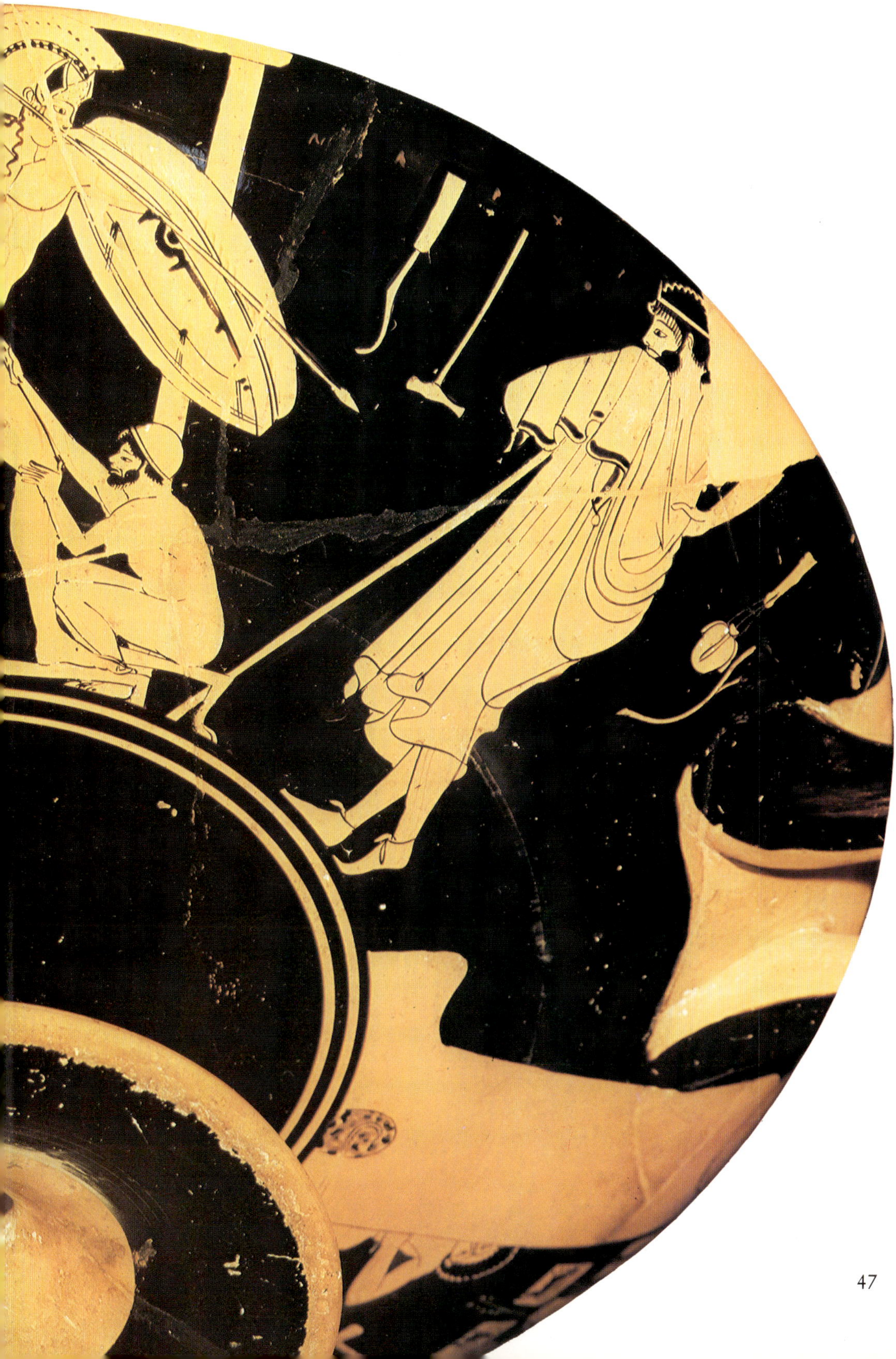

Inhalt

Die Fotos stellten zur Verfügung:

Soprintendenza Archeogica della Calabria 8, 10, 11; Cedntro del Restauro di Firenze 12, 13a, b, 14, 15, 16, 17; Giorgio Nimatallah 18, 19, 20, 21, 23, 24, 25, 26, 27, 28, 29, 30, 31, 32, 33, 34, 35; Antonio De Gregorio 38, 39; IGDA/C. Bevilacqua 40; IGDA/Nimatallah 41, 42; Michael Holford 43; Staatliche Museen, Berlino 44, 46, 47.

Klassische Reiseziele

In gleicher Ausstattung erschienen

ÄGYPTEN

Das Tal der Könige

Die Tempel von Karnak und Luxor

Die Pyramiden von Sakkara und Gizeh

ENGLAND

Die Stadthäuser und Landsitze der Brüder Adam

Klassische Bauwerke in London 17.–19. Jahrhundert

Westminster Abbey in London

FRANKREICH

Die Schlösser von Versailles

GRIECHENLAND

Die Akropolis in Athen

INDIEN

Agra und Fathpur Sikri mit dem Taj Mahal

ITALIEN

Die berühmten Villen in Venetien

Die Fresken des Tiepolo in Venetien

Palazzo del Té in Mantua

Der Domplatz in Pisa mit dem Schiefen Turm

Die Bilder von Duccio in Siena

Die Fresken von Giotto in Assisi

Die berühmten Villen in Latium

Etruskische Grabmalerei in Tarquinia

Das Forum Romanum in Rom

Die Peterskirche in Rom

Die Fresken von Pompeji

Die Bronzestatuen von Riace in Reggio

Das Tal der Tempel in Agrigent/Sizilien

Antonio Canova – Plastiken von Liebe und Tod

Der Bildhauer Michelangelo

JAPAN

Die heilige Stadt in Kyoto

LATEINAMERIKA

Das Gold von El Dorado

MEXIKO

Die Fresken von Diego Rivera

Die Tempel der Maya in Yukatan

ÖSTERREICH

Das Schloß Schönbrunn in Wien

SPANIEN

Die Bauwerke von Gaudi in Barcelona

Goya im Prado – Madrid